alterigia

kevélység

denaro   novac
       Geld
pénz   money

Für meine Lieben

1

ART DECO WAHRSAGEKARTEN

Kartenlegen für Einsteiger   Basiswissen...

ANDREAS NOSTRA DAHM

KARTENLEGEN MIT AR... WAHRSAGEKARTEN

Abdruck der Bilder mit freundlicher Genehmigung der Firma Ferd. Piatnik & Söhne

Bibliografische Information der Deutschen Nationalbibliothek: Die Deutsche Nationalbibliothek verzeichnet diese Publikation in der Deutschen Nationalbibliografie; detaillierte bibliografische Daten sind im Internet über dnb.dnb.de abrufbar.

Text © 2011/2018 by Andreas Nostra Dahm

Herstellung und Verlag:

2. Auflage BoD – Books on Demand, Norderstedt

ISBN: 978-3-7460-7658-4

ART DECO WAHRSAGEKARTEN

Kartenlegen für Einsteiger   Basiswissen...

von Andreas Nostra Dahm

Ein Grundkurs im Kartenlegen, der den Einstieg ins Kartenlegen mit den Art Deco Wahrsagekarten leichter machen soll.

VORWORT

Wenn wir die Karten legen und wenn wir über Karten sprechen geht es um Vertrauen und es entsteht schnell eine persönliche Ebene. All meine Schüler spreche ich daher in meinen Seminaren mit dem „Du" an – so erlaube ich mir auch in meinem Lehrbuch diese Form zu wählen und hoffe, Du erlaubst mir dieses... es freut mich, ich bin Andreas. Und so können wir starten...

Es ist wohl etwas Geheimnisvolles, etwas Mystisches, was den Menschen seit Jahrhunderten zu den Karten greifen lässt, um diese zu befragen. Zu befragen über uns, unsere Situation und eventuell sogar – oder sogar verstärkt – um mehr über unsere Zukunft durch die Orakelkarten zu erfahren. Es existieren viele unterschiedliche Kartendecks, die im Wandel der Zeit entstanden sind und sich weiterentwickelt haben. Ich möchte hier auch nicht viel Worte über die Herkunft und den Werdegang der Kartomantie erzählen. Ich möchte Dich vielmehr an die Art Déco Wahrsagekarten heranführen, Dir beschreiben, welch Faszination diese auf mich ausüben und Dir ein wenig oder mehr davon abgeben. Ich möchte, dass Du Dich von dieser Anziehung der Orakelkarten leiten lässt und ihnen öffnest. Lasse Dich und Deinen Alltag von den Karten inspirieren. Betrete mit diesem Buch Ebenen der Bedeutung eines Kartendecks, das schön, wunderbar und weniger kommerziell ist als andere. Freunde Dich mit den Art Déco Wahrsagekarten an und lerne ihre Sprache sprechen. Solltest

Du noch nicht mit Wahrsagekarten gearbeitet haben, ermöglicht Dir dieses Buch einen Einstieg, mit dem Du nach kurzer Zeit Deutungserfolge erzielen und Dir ein Basiswissen aneignen kannst. Aber auch denjenigen, die andere Karten kennen, insbesondere das Zigeunerorakel, bietet das Buch eine interessante Erweiterung zu dem bisherigen Kartenwissen – Du wirst schnell Parallelen zu vielen anderen Orakelkarten finden und merken, diese sind Dir gar nicht so fremd.

Ich wünsche Dir viel Freude an dem Buch und schöne Stunden mit dem Kartenlesen! Du kannst viel über Dich , das Leben oder andere erfahren...

Liebe Grüße von Andreas Nostra Dahm

KARTENLEGEN MIT ART DÉCO WAHRSAGEKARTEN

DIE ART DÉCO WAHRSAGEKARTEN

Dieses Buch soll, wie bereits im vorangegangenen Vorwort erwähnt, Dir eine Hilfe sein, die Vokabeln und Sprache der Art Déco Wahrsagekarten zu lernen. Es soll Dir ermöglichen, für Dich und später vielleicht auch für andere einen Einblick in das Unbewusste zu gewinnen. Es soll Dir die Kartomantie näher bringen. Du meinst, Du kannst aber die Karten nicht lesen?! Versuche es – wenn Du Interesse dafür aufbringen kannst, Dich den Karten öffnest und viel mit den Karten arbeitest, auch wenn nur auf spielerische Art & Weise, – dann sollte es Dir gelingen. Das Kartenorakel verschließt sich nur denen, die unentwegt ihren Verstand sprechen lassen. Hab auch keine Angst vor den Ergebnissen! Es wird keine schlechten Ergebnisse geben. Du hast Dein Schicksal in der Hand, immer – Karten zeigen Dir einen Weg – sollte dieser ungünstig sein oder sich nicht gut anfühlen für Dich, wähle einen anderen. Das Orakel hat Dir in diesem Moment gezeigt, dass Du eine für Dich ungünstige Tendenz in ein besseres Licht rücken könntest. Nimm die Karten als Ratgeber – keiner ist so ehrlich und neutral....

Das Art Déco Wahrsagekartenset besteht aus 52 Karten. Man könnte sich darüber streiten, jedoch bin ich der Meinung, dass es neben den anderen Aufschlagkarten sehr stark den Zigeunerwahrsagekarten ähnelt. Alle Motive der Zigeunerwahrsagekarten findest Du in den Art Déco Karten wieder, nur in moderner Gestaltung. Erweitert ist dieses Deck durch folgende Bilder:

⚜ Kartenlegen mit Art Déco Wahrsagekarten

Alter Herr, Arzt, Dienerschaft, Fremde Frau, Gefängnis, Gesellschaft, Gewinn, Großer Herr, Gute Nachricht, Hoffart, Junger Herr, Jungfrau, Missverständnis, Nebenbuhler, Unbeständigkeit und *Verrat.*

Rein theoretisch und auch praktisch könntest Du die „neuen" Motive aus dem Deck herausnehmen und die ursprünglichen 36 Karten zur Deutung in herkömmlicher eventuell schon bekannter Form auslegen, falls Dir 52 Karten zu viel sind. Oder Sie lass das Deck im Ganzen wirken. Diese Eindrücke mögen subjektiv sein aber vielleicht auch nicht ganz abwegig...

Die Karten fallen durch ihre individuellen sehr schön gezeichneten bunten Bilder in der Stilrichtung des Art Déco („arts décoratifs", 20er bis Ende 30er Jahre) auf, diese sind überwiegend den amerikanischen Alltag entnommen, wobei der Stil global vertreten und Europa natürlich nicht fremd war. Paris war nahezu das Zentrum des Art Déco, jedoch setzte der zweite Weltkrieg dem Stil in Europa schlagartig ein Ende, denn das Volk der Nachkriegszeit ließ sich nicht vereinbaren mit einem Stil, der dermaßen an Luxus erinnert. In Amerika jedoch gelang es dieser Richtung noch ein wenig weiterzuleben. Die Bilder sind farbenfroh, durch teilweises Fehlen von Schattierungen und Natürlichkeit, wirken diese sehr plakativ, wie vieles im Art Déco, dennoch fehlt es ihnen weder an Stil noch an Sinnlichkeit. Im unteren Bereich der vielleicht derzeit modernsten Wahrsagekarte findest Du in fünf Sprachen ein Schlagwort; dies gilt es, zur Deutung hinzuzufügen. Nicht nummeriert sind sie, deshalb ist die beste Möglichkeit alle in einer alphabetischen Reihenfolge aufzuführen. Das Lesen der Karten kann dann über verschiedene Ebenen gehen, denn diese können Personen, Themen, Ereignisse, Situationen darstellen.

Die wohl häufigsten Fragen an das Orakel beziehen sich auf den zwischenmenschlichen Bereich und die damit oftmals verbundene Liebe! So zeigt es uns auch das Art Déco Orakel. Wohl wie andere Orakel auch, verwendet von einer mittel bis höheren Gesellschaftsschicht. Karten, die Arbeit und den Besitz betreffend tauchen auch auf und man kann diesen Themenbereich auch hervorragend mit abdecken – ebenso das Finanzielle. Nimm immer Abstand von der Gesundheit – ich persönlich halte dies für nicht richtig, diesbezüglich die Karten zu konsultieren – ebenso die Rechtsprechung. Dafür gibt es andere..... Die Orakelkarten ersetzen keinen Arzt, Mediziner oder Juristen! Ebenso wenig haften die Karten für ein Verhalten und den Konsequenzen daraus. Auch solltest Du Dich nicht durch eine Karte „Tod" abschrecken und beängstigen lassen – der Tod lässt sich nicht in die Karten schauen. Dazu später aber mehr im Deutungsteil.

Das Orakel kann Dir auch Hinweise auf einen Zeitraum geben. Durch einem Ereignis beiliegende Zeitkarten, kannst Du einen Zeitraum zuordnen – aber Du kannst auch gerne immer vor der Legung einen festen Deutungszeitrahmen festlegen. Zum Beispiel einen Monat. Somit zeigt Dir das Orakel die Tendenzen auf für den kommenden Monat. Einigen Karten ordne ich für Dich bestimmten Zeitqualitäten zu, sieh diese aber nicht als unbedingt notwendig oder fest an.

Aber bedenke, versuche, die Karten auch mal ohne ein Zeitfenster zu legen oder diese zu lesen, ohne auf die Zeit zu achten. Du wirst vielleicht schnell sehen oder merken, dass

KARTENLEGEN MIT ART DÉCO WAHRSAGEKARTEN

Du keine Zeitangabe benötigen wirst, denn die Dinge werden für Dich kommen, wenn es der richtige Zeitpunkt für diese ist. Du wärest immer vorbereitet.

Diese modernen Wahrsagekarten machen den Blick auf die eigene Situation zu einen Erlebnis besonderer Art. Diese Karten, ich finde sie einfach unheimlich schön....

Nun, im folgenden Abschnitt, möchte ich Dir diese vorstellen:

SO LESE ICH DIE 52 ART DÉCO FORTUNE TELLING CARDS.....

vecchio   starac
      Alter Herr
öreg úr   old man

1. ALTER HERR

Der alte Herr sitzt auf einer Bank unter einem Baum in einer
weiten ruhigen Landschaft. Er scheint Zeit zu haben,
zufrieden zurückzublicken. Er scheint viel zu wissen. Er ist
erfahren. Von ihm zu lernen ist von Vorteil.
Der alte Herr blickt auf ein erfülltes Leben zurück – er kann
sich zurücklehnen. Die Karte weist darauf hin, dass Dinge,
die durch sie gekennzeichnet werden, gut durchdacht und
ausgereift sind. Diese können nun in die Tat umgesetzt
werden. Und sie zeigt Ausruhen nach erfolgreich getaner
Arbeit, auch der Rückzug vom Alltag und der Abstand von
der Hektik...

THEMA Reife, Erfahrung, Ruhestand, Ruhe

In der **LIEBE** zeigt diese Karte eine reife, verantwortungsvolle Bindung oder das man selbst beziehungsweise sein Gegenüber die möglichen Voraussetzungen für eine lange dauerhafte Beziehung mitbringen.

Eine **ARBEIT** mit dieser Karte stellt hohe Ansprüche an einen und fordert Reife und Verantwortung, sie kann auch ein Hinweis auf die Rente sein oder dass man dauerhaft im Betrieb ist.

Eine durch diese Karte gekennzeichnete **PERSON** ist alt, erfahren, auch weise, im schlimmsten Fall aber zu einsam oder stur oder unflexibel.

Es bedarf an **ZEIT** um zu reifen, dann ist es hier dauerhaft.

TAGESKARTE: Nehmen Sie sich eine Auszeit zwischendurch, um zur Ruhe zu kommen. Dann können Sie gerne auch wieder durchstarten!

medico		lijekar
	Arzt	
orvos		physician

2. ARZT

Eine unschöne Situation liegt hier zu Grunde. Ein Mann liegt krank im Bett. Jedoch scheint er zu genesen, da dieser Mensch in ärztlicher Behandlung ist. Das ist das Positive an dieser Karte. Der Arzt wacht hier am Krankenbett und klärt den Patienten nach der Untersuchung auf. Mit seiner Hilfe wird die Genesung voran gehen.

Diese Karte zeigt uns, dass wir mit Unterstützung rechnen können und dass uns jemand hilfreich in einer schlechten Situation zur Seite steht. Diese Hilfe können wir auch annehmen und diesem Rat sollten wir uns nicht verschließen. Er kann uns nach vorne bringen. Es ist kein Zeichen der Schwäche, einmal eine Hand zu greifen...

13

THEMA Hilfe, Beistand in einer schlechten Lage

In der **LIEBE** treffen wir hier auf einen Partner, der uns hilft, dem wir vertrauen können, dessen Hand wir nehmen können. Unser Partner steht uns zur Seite. Singles sollten achten, jemand soziales zu finden. Es kommen bessere Zeiten. Auch kann eine Zeit gezeigt werden, die schlecht läuft, aber mit gegenseitiger Hilfe ist dies zu schaffen.

Diese Karte deutet eine **ARBEIT** im sozialen Bereich an. Auch manchmal ein schlechtes Arbeitsklima, aber hier gibt es eine Lösung.

Eine **PERSON** gekennzeichnet von dieser Karte ist sozial kompetent, sehr vertrauenswürdig und kann somit auch ein Geheimnis für sich behalten!

TAGESKARTE: Trauen Sie sich ruhig, jemanden, den Sie kennen, um Rat und Hilfe zu bitten. Oder holen Sie sich eine zweite Meinung ein. Heute könnten Ihnen die Richtigen dafür über den Weg laufen...

3. BESTÄNDIGKEIT

Im unteren Bereich der Karte sehen wir ein Meer – nicht stürmisch aber auch nicht ganz ruhig. Das Meer ist weit, ohne Aussicht auf Land. Aber über dem Gewässer wacht hoffnungsvoll strahlend ein Auge. Diese Bild zeigt uns, dass wir beschützt sind und dass alles in eine gute Richtung geht. Dies scheint langsam, aber wenn man die Fahrt auf weiter See aushält, zahlt sich diese Beharrlichkeit letztendlich aus.

Dinge müssen sich entfalten, entwickeln. Von heute auf morgen sind Pläne nicht immer zu verwirklichen... aber nach und nach.

15

THEMA etwas ist beständig, Dauer, Geduld, kann als Karte für Beruf, feste Arbeit gewählt werden

Eine Beziehung, die durch die Beständigkeit gekennzeichnet ist, stellt für uns eine dar, die verlässlich, solide und dauerhaft ist. **LIEBE** mag durchaus vorhanden sein, diese sollte stabil sein – jedoch kann sie auch den aufkommenden Alltag bedeuten. Für Alleinstehende gilt, noch etwas Geduld, bis der Partner kommt!

Im **BERUF** steht diese Karte für ein Anstellungsverhältnis, die Berufskarte schlechthin.

Eine **PERSON** dieser Art ist geduldig, hält gerne an Dingen fest – mag gut oder schlecht sein...

ZEITLICH muss hier noch ein Aufwand in Kauf genommen werden, schleppend. Es kann dauern. 2 Jahre.

Als **TAGESKARTE** wird uns gezeigt, dass der Beruf im Vordergrund steht und Sie wenig private Zeit haben oder prüfen Sie heute Ihre beruflichen Möglichkeiten.

4. BESUCH

Wir bekommen Besuch – so zeigt es zumindest unser nächstes Bild. Ein Mann begrüßt mit ordentlichem Handschlag sein Gegenüber. Dieser hat einen Koffer in der Hand, wird der Besuch länger bleiben? Möglich kann es sein, denn vielleicht möchten wir gerne in geselliger Zeit verweilen. Der Hund sieht dem Besuch fröhlich entgegen. Wir haben nichts zu befürchten. Das Tor steht weit und einladend offen. Richten Sie sich auf eine turbulente Zeit ein...

17

es könnte ein reges Treiben herrschen, unruhige Zeiten – vielleicht nicht nur privaten Rahmens. Es kommt Bewegung in eine Angelegenheit.

THEMA Treffen, Kontakte, Besuch, Aktion

Im **BERUF** stehen Ihnen stressige Zeiten bevor, viele Termine, Unruhe, aber diese Zeiten werden vorüber gehen.

Ebenso bringt in der **LIEBE** der Besuch viele Möglichkeiten für Singles Kontakte zu knüpfen – raus und aktiv sein. In einer Partnerschaft, wäre es an der Zeit, einige gemeinsame Aktivitäten zu planen und umzusetzen.

Diese **PERSON** ist gesellig und kontaktfreudig, positiv, aufgeschlossen

.....innerhalb kurzer **ZEIT**. Bis zu 2 Wochen.

Die **TAGESKARTE** zeigt uns Stress und Unruhe, viel Aktivität – Ruhe bewahren. Halb so schlimm. Der Tag hat nur 24 Stunden.

messaggio	poruka
Botschaft	
hir	message

5. BOTSCHAFT

Hier kommt Hermes der Götterbote eilend zu uns. In seiner Hand hält er einen versiegelten Brief, den es uns zu überbringen gilt. Das Siegel deutet darauf hin, dass die Botschaft für uns persönlich bestimmt ist. Wir können nicht erkennen, ob es sich um positive oder negative Neuigkeiten handelt, so wiegt sich diese Karte in Neutralität...
Die Botschaft überbringt uns folglich Neuigkeiten, Nachrichten und ist eine Karte, die der Kommunikation dient. Sie zeigt Kontakte jeglicher Art an. Die Formen können von

19

KARTENLEGEN MIT ART DÉCO WAHRSAGEKARTEN

Telefon, Post, E-Mail, über SMS bis hin zu Dialogen bei einem Treffen reichen. Jedenfalls treten Neuigkeiten in unser Leben.

THEMA: Kommunikationskarte/ neutral, Neuigkeiten, etwas kommt zu uns, etwas passiert...

Hier steht die **LIEBE** unter regen Austausch, viele Gespräche werden geführt – aber wie gesagt, alles im neutralen Rahmen. Wichtig ist hier zu wissen, dass die Kommunikation aufrecht gehalten und beibehalten wird.

Auch im **BERUF** müssen Sie Augen und Ohren offen halten, nicht dass wichtige Informationen untergehen...

Eine interessante **PERSON**, über die Sie mehr erfahren werden. Belesen, sprachgewandt.

ZEIT ist hier als schnell zu betrachten.

Am heutigen **TAG** sollten wichtige Infos für sich zum Nutzen gemacht werden oder es kann sein, dass Du heute für Dich wichtiges erfahren wirst... behalte es, je nachdem, vielleicht erst für Dich.

lettera		pismo
	Brief	
levél		letter

6. BRIEF

Auch hier zeigt uns die Szene eine Überbringung einer Nachricht durch einen Mittelsmann. Hier der klassische Postbote. Er tritt an die Türe eines bürgerlichen Hauses, die nur ein Stück Einblick gewähren lässt. Das Dienstmädchen lässt zwar den Kontakt zu, um die Nachricht in Empfang zu nehmen, dennoch ist eine gewisse restliche Distanz zu sehen und zu spüren. Ist bei Hermes noch von einer Neutralität zu reden und den allgemeinen Formen der Kommunikation, können wir dies hier auf den tatsächlichen Schriftverkehr einschränken, in der Regel förmlich. Wie bei der Botschaft können hier umliegende Karten, etwas über die Qualität aussagen.

THEMA Kommunikationskarte/ förmlich..., Schriftliche Nachrichten, Dokumente

Im **BERUF**sleben handelt es sich um Bewerbungen, Verträge oder andere wichtige Unterlagen.

In Verbindung mit der **LIEBE** steht der Brief auch für Kommunikation. Wäre es an der Zeit, Ihre Liebe mitzuteilen oder wendet sich jemand an Sie? Auch ein Ehevertrag oder eine förmliche Bindung/ Zweckgemeinschaft. In seltenen Fällen stellt diese Karte also eine oberflächliche Form der Liebe dar.

Oberflächlich – So kann man diese **PERSON** beschreiben.

ZEIT ist hier kurzfristig..... 2- 3 Tage z.B.

Als **TAGESKARTE** werden wir unter Umständen aufgefordert uns mal wieder zu melden... Solltest Du heute Probleme haben, werden diese nicht von langer Dauer sein. Betrachte diese als oberflächlich und lasse nicht alles an Sie tief heran.

ladro		lupež
Dieb		
tolvaj		thief

7. DIEB

Die Karte stellt eine nächtliche Szene dar. Im Schein des Mondes versucht sich jemand heimlich Zutritt in unser Heim zu verschaffen. Maskiert, dunkel gekleidet, nur die Augenbinde mit den Schlitzen geben die Sicht für den Dieb frei. Der Dieb möchte unerkannt bleiben. Doch Die Augen können uns sagen, ob wir diesen Menschen kennen. Diese Karte warnt uns! Sie mahnt zur Vorsicht! Noch bestehen keine Verluste – aber diese können uns bevorstehen, jeglicher Art, denn der Dieb zeigt uns, dass Jemand bzw. etwas vorhanden und präsent ist, das uns bestehlen wird oder im Begriff ist uns zu bestehlen. Pass auf, in Deinem Umfeld befindet sich eine schlechte Person oder eine Dich beraubende Sache bzw. Thematik. Oder bist Du selbst der Dieb, der sich bestiehlt?!

THEMA Diebstahl, Mangel, etwas geht verloren, wird genommen.

ARBEIT: Dir fehlt etwas, denn die Arbeit stiehlt Dir Zeit und Qualität. Die Arbeit macht Dich nicht glücklich.

LIEBE: Hier handelt es sich um eine unausgewogene Partnerschaft, ein Partner beraubt den anderen seiner persönlichen Freiheit. Singles vergeuden Ihre Zeit mit falschen Personen/ Prioritäten.

Der Dieb zeigt eine eigensinnige vereinnahmende, nicht offen handelnde **PERSON**. Bei genauer Sicht, durchschaust Du aber diese Person.

Als **ZEIT**lichen Hinweis erhalten wir von dieser Karte, dass wir Zeit verschwenden oder uns genommen wird.

Als **TAGESKARTE** sagt uns der Dieb, dass wir heute unsere Zeit nicht mit falschen Aktionen verschwenden sollen, denn heute kann es sein, dass wir davon nicht viel haben.

8. DIENERSCHAFT

Ein Dienstbote läuft zu später Stunde einen Flur entlang. Es scheint Nacht zu sein, denn er hält einen Leuchter in der Hand. Sein Herr scheint schon zu schlafen und er sieht nach dem Rechten. Weshalb? Hat er ein Geräusch in der nächtlichen Stille vernommen oder möchte er einfach nur nachsehen, ob etwas benötigt wird?

Ähnlich wie der Arzt ist diese Karte von Beistand und Unterstützung gezeichnet. Wobei der Arzt den öffentlichen, frei gewählten Beistand darstellt, wird der Diener als persönlicher und abhängiger gesehen. Er kommt aus dem näheren Umfeld. Es kann sich um

Freunde, gute Bekannte, eventuell auch um Familie handeln. Der Diener, er wird bezahlt, dies solltest Du bedenken, wenn Du diese Hilfe annimmst. Eine für Dich vielleicht selbstverständliche Hilfe kann hier schnell seinen Tribut fordern. Du könntest etwas schuldig sein, und irgendwann dies vielleicht einlösen müssen...

THEMA Unterstützung, Hilfe, Geben und Nehmen.

Im **BERUF** bekommen wir Hilfe zu gesichert! Zeig Dich auch verfügbar! Vitamin B von Vorteil. Schau, dass Du sich nicht ausnutzen lässt und bekommst, was Dir zusteht.

In der **LIEBE** ist es wichtig, dass gesunde Gleichgewicht aufrecht zu erhalten. Lass Dich auch hier nicht ausnutzen und nutze selbst aber auch nicht aus; Du hast einen hilfreichen Partner.

Diese **PERSON** ist kooperativ oder sehr verfügbar... vielleicht zu sehr.

Denke am heutigen **TAG** an die, die Dir bei Seite stehen und zeigen Ihnen dies.

gelosia	ljubomornost
Eifersucht	
féltékenység	jealousy

9. EIFERSUCHT

Hinter einer Mauer, neben sich rankenden Pflanzen sitzt ein sich innig küssendes Paar. Sie scheinen verborgen. Sie fühlen sich unbeobachtet. Doch sie sind alles andere als das. Somit ist der stille Beobachter derjenige, der ungesehen ist. Ihm missfällt diese Situation – das ist offensichtlich. Die Eifersucht klammert sich an diesen Menschen, wie die Kletterpflanze an die Mauer! Diese Karte ist nicht schön und teilt uns mit, unsere Gefühle zu hinterfragen und zu kontrollieren. Sie ist auch ein Hinweis, dass unser Gegenüber eifersüchtig sein kann, und nicht immer sind wir dafür verantwortlich. Oftmals liegt es sehr in der Natur des anderen Menschen, in dessen Persönlichkeit, und wir können dann nicht in der Lage sein, dieses Gefühl zu nehmen... dies gilt ebenso umgekehrt.

THEMA Eifersucht, Neid, Missgunst.

Auf Neider und eifersüchtige Kollegen können wir hiermit im **BERUF** treffen.

Die **LIEBE** fehlt hier. Wer nicht eifersüchtig ist, liebt nicht. Was soll das heißen? Sobald die Eifersucht ein ungesundes Maß annimmt endet es in Disharmonie, Leid und destruktiven Handlungen. Vorsicht ist geboten!

Eine solche **PERSON** ist eifersüchtig, unzufrieden, mit sich selbst nicht im Reinen.

Eifersucht blockiert und bringt nicht weiter so ist hier **ZEIT**lich ein Blockade und etwas geht nicht voran.

Ziehst Du am heutigem **TAG** diese Karte – gedenke all der Dinge, die Du hast, es werden vielleicht mehr sein als Du dachtest und wohl auch einige, die wichtiger sind als der Besitz anderer... Du bist aktuell genau dort, wo Du sein solltest... es ist Dein persönlicher weg.

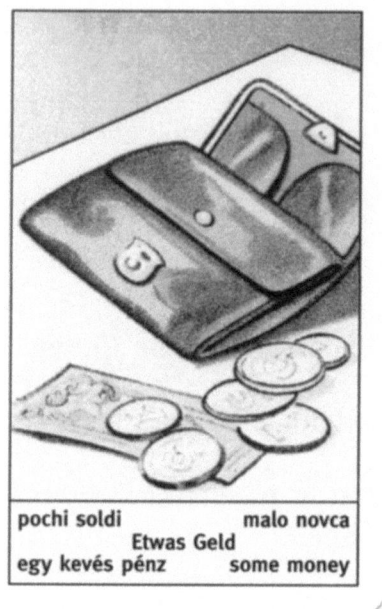

pochi soldi   malo novca
Etwas Geld
egy kevés pénz   some money

10. ETWAS GELD

Auf einem Tisch liegt ein geöffnetes Portemonnaie. Der Besitzer hat hier wohl einen Kassensturz gemacht und die gesamte Ausbeute daneben ausgebreitet. Wie der Name der Karte schon sagt ist es allerdings nur etwas Geld, das vorhanden ist. Man könnte denken, es sei eine negative Karte – nein, ganz im Gegenteil, bedenke, etwas ist mehr als gar nichts. Und etwas Geld aufzubringen für einen Kauf z. B. steht dafür, dass die Sache günstig ist. Im Allgemeinen zeigt diese Karte an, dass ein Aufschwung auf uns zukommt, wenn auch nur langsam und in kleinen Schritten, aber er kommt... auch im finanziellen Bereich natürlich.

KARTENLEGEN MIT ART DECO WAHRSAGEKARTEN

THEMA Zuwachs, zusätzliches Einkommen, langsamer Aufschwung, etwas wird besser.

Im **BERUF** zeigt uns etwas Geld manchmal eine Gehaltserhöhung an. Und dass die ersten Schritte zum Erfolg getan sind. Weitermachen! Auch ein Minijob oder eine Teilzeitstelle ist möglich.

In der **LIEBE** erfahren wir Zuwendungen. Vielleicht werden wir materiell unterstützt. Jedenfalls werden wir einen Zuwachs an bestimmten Dingen erfahren – auch Gefühle können gemeint sein.

Solch eine **PERSON** ist sparsam, genügsam.

ZEIT peu à peu, step by step

Als **TAGESKARTE** bekommen wir gesagt, dass heute kein guter Tag für Shopping ist. Halt lieber Dein Geld etwas beisammen – Sparen kann von Vorteil sein, es können wieder andere Zeiten kommen.

falsità		neiskrenost
	Falschheit	
hamisság		falseness

11. FALSCHHEIT

Bei einem Baum in einer Waldlichtung, schöne Idylle, sitzt ein Fuchs. Doch das ruhige Bild der Natur trügt! Vor unserem Fuchs sitzt ein Vogel, der sich aktuell in Sicherheit wiegt. Der Fuchs ist ihm im Nacken, jederzeit bereit, seine Beute zu fangen. Der Vogel ist ihm regelrecht ausgeliefert. Ob er letztendlich ein Opfer sein wird, sagt uns die Karte nicht, aber offensichtlich wird uns die Gefahr gezeigt. Die Sicherheit hier im Bild ist vorgetäuscht, ein Trugbild und vor eben solchen Situationen warnt uns diese Karte. Der Schein trügt und es gilt für uns die Gefahr zu erkennen und zu umgehen! Die Schläue des Fuchses wird hier selten positiv gesehen. Achte auf Dein Umfeld, denn hier scheint etwas nicht zu

31

stimmen. Lass Dich nicht von Schönheit, Euphorie blenden – halte die Augen auf.

THEMA die Lüge, Betrug, List und Schläue, Intelligenz

Im **BERUF** können wir gemobbt werden und sollten nicht allen vertrauen. Auch kann die Karte ein Hinweis sein, dass Du die falsche Arbeit hast oder am Arbeitsplatz aufpassen solltest: Geschwätz! Sei professionell.

Die **LIEBE** hier ist auf dünnen Eis oder falscher Basis! Lug oder Betrug. Vielleicht auch nur der falsche Partner für uns.

Eine **PERSON** dieser Art meiden: falsch, listig, unehrlich!

Für sämtliche Projekte scheint es nicht der richtige **ZEIT**punkt zu sein.

Als **TAGESKARTE** sagt die Falschheit, dass Du heute besonders aufpassen und die Augen offen halten solltest. Den Verstand verwenden und besser keine Dokumente und Verträge unterzeichnen.

nemico   neprijatelj
          Feind
ellenség   enemy

12. FEIND

Die Karte lässt uns in eine nächtliche Szene eintauchen, in der dunkle Gestalten ihr Unwesen treiben. Der Schauplatz ist eine Gasse in deren Ecke der Feind lauert mit einer tödlichen Waffe in der Hand, die er bereit ist einzusetzen. Er hat etwas in der Hand oder etwas gegen uns in der Hand, womit er uns schaden kann. Der Mann, dem aufgelauert wird, ahnt wohl noch nichts von seinem möglichen Schicksal... Die Karte jedoch zeigt den Feind sichtbar. Er steht im Schein der Straßenlaterne, die an der Hauswand zu sehen ist. Wir

33

könnten ihn erkennen, ihn ertappen und hoffen, dass wir nicht selbst unser Feind sind...

THEMA Vorsicht, Gefahr!!! Etwas oder Jemand schadet uns/ könnte uns schaden.

Im **BERUF** gilt Vorsicht vor feindlichen Kollegen, mach Dir durch Dein Handeln keine Feinde, verhalte Dich so, dass Du nicht angreifbar bist. Lass die Arbeit nicht zu Deinem Feind werden, Du hast auch ein Privatleben!

Diese **LIEBE** ist zum einen schlecht für Dich oder Dein Partner/ Deine Partnerin mag dies sein. Es ist auch möglich, dass eine dritte Person den Frieden stört.

Mit Vorsicht ist der Feind als **PERSON** zu genießen, wenn nicht sogar ganz zu meiden, denn er ist hinter seiner Fassade hinterlistig.

Der Hinweis auf die **ZEIT** ist hier wie bei der Falschheit zu deuten.

Achte am heutigen **TAG** darauf, dass Du Dir nicht selbst im Weg stehst, auch nicht in Zukunft. Manchmal ist es weiser, auf unsere Feinde zuzugehen...

donna straniera	tudja žena
Fremde Frau	
idegen asszony	foreign woman

13. FREMDE FRAU

Die Fremde Frau zeigt uns eine tanzende Dame in einer für die Frauen der 20er Jahre ungewöhnlichen Garderobe. Die Kleidung scheint fremd und extravagant. Diese Frau reizt und weckt gewisse Neugier in uns, mehr zu erfahren. Etwas für uns nicht Einzuordnendes, etwas Neues, Fremdes kommt auf uns zu. Wir werden mit Dingen oder Personen konfrontiert, die wir nicht kennen oder exakt lesen können. Dennoch können wir dem Unbekannten ruhig begegnen. Nicht alles Neue ist schlecht, und nicht immer sind die Dinge wie sie uns erscheinen.

KARTENLEGEN MIT ART DÉCO WAHRSAGEKARTEN

THEMA Neues, Unbekanntes, das Geheimnis, Bekannte/r

Im **BERUFs**alltag treffen wir auf neue Aufgaben, neue Bereiche, fremde Situationen oder kommen mit neuen Menschen in Kontakt. Ohne Arbeit sollten wir uns auch gerne einmal mit fremden Themen befassen.

Wollen wir uns auf ein Date mit jemand einlassen, den wir nicht oder noch nicht ganz kennen, oder gibt es Momente, in denen uns unser Partner fremd vorkommt... – so viel zu der **LIEBE.**

Eine **PERSON** geheimnisvoll, fremdartig, anderer Kultur oder ein/e Bekannte/r, jemand, den man nicht sehr gut kennt.

Die Karten sprechen hier nicht über die **ZEIT**.

Die fremde Frau als **TAGESKARTE** möchte uns sagen, dass heute einige ungewöhnliche Zufälle auf uns zukommen könnten oder wir manchmal unsere – wenn vorhanden – Vorbehalte zurückstellen sollten. Nicht alles mag sein, wie es scheint...

allegrezza		veselje
	Fröhlichkeit	
vígság		merriment

14. FRÖHLICHKEIT

Ein lustiger Mann sitzt hier ausgelassen im Baum und musiziert. Er wirkt Landstreicher ähnlich – zumindest sehr wurzellos und gesellig. Er lebt im Moment und kostet diesen vollends aus! Zu recht. Man soll die Feste feiern wie sie fallen. Nutze den Tag... Diese Karte steckt nur so voller Freude, schöne Zeiten, Unterhaltung und dem rundum Wohlfühlen. Man muss hier nicht viel erklären, diese Zeichnung spricht für sich. Die Karte bringt eine Leichtigkeit in das Bild.

THEMA Freude, Feier, Erfolg, Leichtigkeit

Wir haben Freude im **BERUF** und sind erfolgreich, das strahlen wir auch aus und haben somit die Basis für ein tolles Arbeitsklima und eine schöne Zeit.

Auch in der Partnerschaft und der **LIEBE** hast Du tolle Zeiten vor Dir! Genieße diese. Gemeinsam verbringst Du und Dein Gegenüber tolle fröhliche Momente. Singles können in Gesellschaft mit so einer super Ausstrahlung gesellige Kontakte knüpfen. In einigen Fällen ist hier auch nur der Flirt gemeint.

Eine **PERSON** wird hier als gesellig, extravertiert, positiv charakterisiert. Ein richtiger Entertainer... manchmal nicht tief in der Persönlichkeit.

Es ist die richtige **ZEIT**.

Wie oben schon erwähnt sagt uns jene Karte gezogen als **TAGESKARTE** nutze den Tag und genieße den Moment... Du kannst dem Leben nicht mehr Tage geben, aber dem Tag mehr Leben.

pensiero		misao
	Gedanke	
gondolatok		thought

15. GEDANKE

Auf dieser Karte stützt sich ein Mann ähnlich der Denkerpose mit dem Kopf auf seiner Hand. Vor ihm ausgebreitet ein Buch mit damaligen auch noch üblichen Schreibmaterial. Er denkt nach, darüber, wie er eventuell die folgenden Zeilen verfassen könnte. Wie es weitergehen soll, fragt er sich. Mit ihm, mit seiner Situation. Die Karte erinnert uns daran, Vorhaben und Pläne genau zu prüfen oder auch daran, dass wir uns auch mal selbst Gedanken über uns machen sollen. Wir sollten alles überprüfen, manchmal etwas hinterfragen und nicht überstürzt handeln...

KARTENLEGEN MIT ART DÉCO WAHRSAGEKARTEN

THEMA (schwere) Gedanken, Grübeln, Unsicherheit, Lernen

Im **BERUF**lichen Sinn kann diese Karte für alles stehen, was mit Fort- und Weiterbildung zu tun hat. Bei jüngeren Personen kann eine Ausbildung oder ein Studium gemeint sein. Auch wird diese Karte oft als Hinweis gesehen, sich über sein Berufsleben Gedanken zu machen.

In Sachen **LIEBE** machst Du Dir vielleicht zu viele Gedanken und blockierst bzw. verschließt Dich auch damit. Musst Du Dich selbst neu finden? Überprüfen Deine Bindungen.

Nachdenklich, manchmal vielleicht unzugänglich ist diese **PERSON**. Intelligent und gebildet nicht zu vergessen!

Für Vorhaben ist es noch zu früh an der **ZEIT**. Es sollte nochmals überdacht und hinterfragt werden.

Die **TAGESKARTE** rät uns zu gründlichem Nachdenken. Auch um mal eine Reise zu machen in unser Ich. Was sind eigentlich meine Bedürfnisse und was ist meine Intention, mein Antrieb etwas zu tun?

prigione		zatvor
	Gefängnis	
fogság		prison

16. GEFÄNGNIS

Hier sitzt ein Mann in einer spartanisch eingerichteten Zelle auf seinem derzeitigen Nachtlager. Er sitzt und leidet in seiner Situation, isoliert zu sein. Der Mond scheint direkt in das „Gefängnis" – Sehnsucht nach draußen. Die Karte spiegelt Momente wider, in denen wir allein sind und uns verlassen und gefangen fühlen. In der Regel ist eine Haft nicht für immer. Prüfe, wer bzw. was Dich einsperrt und gefangen hält oder von wem bzw. von was Du Dich gefangen nehmen lässt. Einer unerträglichen Situation solltest Du ein Ende bereiten und regelrecht ausbrechen! Es gibt Fluchtwege! Nichts ist schlimmer als persönliche Bedürfnisse zu unterdrücken und sich gefangen zu nehmen oder von anderen lähmen zu lassen. Verschließe Dich auch nicht... aber Achtung, manchmal „sitzt man auch zu recht im Gefängnis"... und man muss die Konsequenzen tragen.

THEMA Rückzug, nicht handeln können, Konsequenzen tragen

Unser **BERUF** nimmt uns die Möglichkeit, uns frei zu entfalten. Wir können nicht handeln – durch die Arbeit werden wir von sozialen Kontakten ferngehalten. Wir sind zu eingespannt, zu isoliert.

Auch in unserer **LIEBE** fühlen wir uns gefangen. Vielleicht gleicht unsere Partnerschaft einem goldenen Käfig oder wirklich einem Gefängnis. Singles sollten sich nie verschließen oder eine Mauer aufbauen. So isoliert man sich selbst und hält sich gefangen.

Eine **PERSON** dieser Karte ist verschlossen, introvertiert, unnahbar und oftmals unzugänglich – ein Einzelgänger.

Zur **ZEIT** ist nichts möglich.

Am heutigen **TAG** sollten wir uns lieber zurückziehen und für uns sein.

sacerdote   svećenik
Geistlicher
pap   ecclesiastic

17. GEISTLICHER

Ein Priester steht auf dem Bild in seiner Kanzel und hält seine Predigt. Dies tätigt er voller Überzeugung. Es ist sicher, dass ihm sehr viele Menschen zuhören, seinen Worten schließlich Glauben schenken und diesen auch folgen. Dieser Mann hat Einfluss. Diese Karte zeigt eine geistliche Seite in uns. Sie zeigt unsere spirituelle Seite in uns, der wir durchaus mehr Raum in unserem Alltag geben sollen oder können. Diese Karte schützt uns, und stellt unsere Vorhaben unter einen guten Stern. Sie ist wie ein Schutz für uns.

THEMA Spiritualität, Seele, Geist, Berufung

Versuche Deine geistliche und spirituelle Ader in den **BERUF** mit einfließen zu lassen. Es dürfte Dir viel Freude und Ausgeglichenheit bringen. Arbeit im spirituellen Bereich. Oder man hat sich in der Arbeit gefunden.

In der **LIEBE** wirst Du auf tiefe Gefühle, Verbundenheit und eine Art Seelenverwandtschaft stoßen. In anderen sozialen Bindungen triffst Du hier einen Seelenfreund oder Seelenfreundin.

Eine **PERSON** ist einfühlsam, spirituell, religiös, empathisch.

Die **ZEIT** wird hier nicht bestimmt und ist unvorhersehbar. Es passiert dann, wenn Du bereitbist. Es ist der Weg Deiner Seele und diese wird wählen.

Der heutige **TAG** eignet sich hervorragend um z.B. die Karten zu legen. Oder andere Dinge zu tun, die spirituellen Charakter haben oder der Seele gut tun. Sei du selbst.

denaro   novac

Geld

pénz   money

18. GELD

Die Frau hebt die Arme nach oben, um aufzufangen, was es vom Himmel regnet. Geldmünzen und Geldscheine in Hülle und Fülle. Die Karte zeigt mit den goldgelb gehaltenen Farben und dem vielen Geld in der Tat einen derartigen Überfluss des Reichtums, dass es demjenigen nur gut gehen muss – aber auch dies ist nicht alles....

Diese Karte zeigt Dir Zeiten voller Erfolg, Wohlstand und Gelingen. Du kannst Dich in Sicherheit wiegen. Du bist versorgt und wirst dies auch weiterhin sein.

THEMA Finanzen, Erfolg

Erfolg, ein gutes Gehalt oder eine gute Position sehen wir hier im **BERUF**, es kann Dir auch ein lukratives Arbeitsangebot bevorstehen.

Die **LIEBE** ist reich an Gefühlen, eine wertvolle Partnerschaft, kann auch auf einen wohlhabenden Partner hinweisen, aber Achtung, nicht dass diese Bindung aufgrund finanzieller Hintergründe existiert.

Eine Eigenschaft dieser **PERSON** mag erfolgreich sein, aber charakterisiert eher jemand, der sehr materialistisch ist.

Die Karte kann für den **ZEIT**raum von 1 bis 4 Wochen gelten.

Projekte, die heute gestartet werden, können erfolgreich werden. Es ist auch ein **TAG**, an dem Du auf Deine Finanzen achten solltest. Nicht zu viel ausgeben.

amante   ljubovnica

Geliebte

kedves   sweetheart

19. GELIEBTE

Diese Karte steht für die Fragestellerin. In einer gleichgeschlechtlichen Beziehung kann dann die Karte die Jungfrau als Partnerkarte angewandt werden.

Die Geliebte kann auch für die feste Partnerin des Fragestellers oder auch nur für seine Herzensdame stehen.

Die Geliebte muss nicht immer, wenn der Fragesteller alleine ist, eine potentielle Partnerin sein, sie kann auch eine andere wichtige Rolle in seinem Leben spielen.

Am heutigen **TAG** kümmere Dich als Fragestellerin bitte um Dich selbst! Verwöhne Dich. Als Fragesteller um Deine Partnerin. Da ist keine? Vielleicht triffst Du heute eine zukünftige Kandidatin...
Eine Frau kann wichtig für Dich werden.

amante		ljubovnik
	Geliebter	
szeretö		lover

20. GELIEBTER

Diese Karte steht für den Fragesteller. In einer gleichgeschlechtlichen Beziehung kann dann die Karte der Junge Herr als Partnerkarte angewandt werden.

Die Karte Geliebter kann auch für den festen Partner der Fragestellerin oder auch nur für Ihren Mann im Herzen stehen.

Die Karte Geliebter muss nicht immer, wenn die Fragestellerin alleine ist, ein potentieller Partner sein, er kann auch eine andere wichtige Rolle in ihrem Leben spielen.

Am heutigen **TAG** kümmere Dich als Fragesteller bitte um Dich selbst! Verwöhne Dich. Als Fragestellerin um Deinen Partner. Da ist keiner? Vielleicht triffst Du heute einen zukünftigen Kandidaten...
Ein Mann kann wichtig für Dich werden.

dono   dar
              Geschenk
ajándék   gift

21. GESCHENK

Ist es nicht schön, einmal wieder etwas geschenkt zu bekommen? Wie hier auf dieser Karte. Ein traditioneller Bote, überbringt einer Dame ein Geschenk in einer für damals typischen Verpackung. Dieses Geschenk ist eine wirkliche Überraschung, die auf kurze oder lange Sicht positiv ist. Das Präsent, das wir bekommen, wird uns überbracht ohne dass wir etwas dafür tun mussten, auch wird vom Schenker keine Gegenleistung erwartet! Allerdings werden wir dies annehmen – egal was es ist, es gibt für uns kein „Entrinnen". Vielleicht werden wir uns wundern, wenn uns im Zusammenhang mit dieser Karte im ersten Moment

51

etwas in unseren Augen weniger Gutes widerfährt. Auch dieses kann ein Geschenk sein. Manchmal sehen wir erst im Nachhinein, welch Geschenk uns eigentlich vermacht wurde...

THEMA Geschenk, Bereicherung, zukünftiger oder aktueller positiver Einfluss

Der **BERUF** ist derzeit für Dich erfüllend, bereichernd und alles geht Dir leicht von der Hand. Genieße diese Phase. Halte die Augen auf, wenn Du eine Stelle suchst: es kann unbewusst um Dich herum sein.

Die Partnerschaft und die **LIEBE** erlebst Du wie ein Geschenk. Verleihe Deiner Freude Ausdruck, teile Dich mit und mache doch auch einmal Freunden ein Geschenk.

Die Eigenschaft einer **PERSON** ist hier einfach großzügig und auch etwas selbstlos. Nicht ausnutzen lassen.

Die **ZEIT** kann hier mit etwa 2 Wochen bemessen werden.

Der heutige **TAG** ist wie gemacht für kleine Aufmerksamkeiten oder um diese jemanden zu machen. Ach ja, es ist aber auch schön, sich einmal wieder selbst zu verwöhnen! Also tu Dir ruhig auch einmal etwas Gutes.

societá		društvo
	Gesellschaft	
társaság		party

22. GESELLSCHAFT

Eine abendliche Gesellschaft sitzt hier in gemütlicher Runde zusammen und führt in der Tat angenehme und unterhaltsame Gespräche. Es ist eine gute Besetzung, um einen erfolgreichen Abend zu verbringen. Alle Voraussetzungen sind gegeben. Diese Karte ist immer ein Hinweis auf ein Treffen, eine Verabredung oder eine Zusammenkunft. Das kann geschäftlich, familiär oder rein freundschaftlich sein. Du kannst in der Regel wählen, ob Du daran teilnehmen wirst oder nicht. Doch meistens sind diese Treffen eines positiven Verlaufes.

THEMA Treffen, Verabredung, Date

Im **BERUF** zeigt es hier oft, dass man viel mit Menschen, bzw. im Kundenkontakt arbeitet. Beruflich kann man hier in der Öffentlichkeit stehen, oder es werden Treffen und Gespräche beruflicher Natur folgen.

Nimm mit Deinem Partner viele Aktivitäten war und Einladungen an, Ihr werdet schöne Zeit verbringen. In der **LIEBE** winkt Dir als Single unter Umständen eine Verabredung. Wenn nicht, dann raus und in die Menge stürzen!

Diese **PERSON** ist offen und gesellig und findet gerne Anschluss, mag sein, dass diese auch gerne im Mittelpunkt steht oder auch etwas „geschwätzig" ist. Es sind oberflächliche Bindungen.

Verbring den heutigen **TAG** nicht im stillen Kämmerlein. Wage Dich unter Menschen und lenke Dich gegebenenfalls etwas ab.

23. GEWINN

Eine der neuen Karten, die ich sehr umstritten sehe. Die Darstellung zeigt einen Mann, der wohl auf einer Pferderennbahn seinen Tipp beim Buchmacher einlösen möchte, denn er hat einen Gewinn erzielt. So wie die Karte heißt, solch eine Bedeutung hat diese auch – jedoch möchte ich eine Einschränkung machen: Wenn Du in meiner Legung diese Karte ziehen wirst, wirst Du keinen Gewinn in einer Lotterie oder einem anderen Glücksspiel erzielen. Das gibt es nicht in meiner Deutung. Geld vermehrst Du in meinen Legungen generell durch Arbeit. Ich sehe keinen Sinn darin, einen Menschen auf Grund der Karte Gewinn zum

Glücksspiel zu führen, denn dies bedeutet diese Karte nicht im Geringsten. Es wird von einem Gewinn gesprochen, in dem Sinn, dass eine Sache gewinnbringend ist oder dass etwas Früchte trägt. Oder eine Sache steht in einem günstigen Licht.

THEMA Gewinn, die Ernte einholen, etwas ist mit Erfolg

Im **BERUF** werden wir für das belohnt, was wir eingesetzt haben. Für Selbstständige kann ein Auftrag gewinnbringend sein.

Diese **LIEBE**, dieser Kontakt ist eine Bereicherung für Dich und Dein Leben.

Diese **PERSON** ist ein guter Begleiter, ein bereichernder Umgang. Auch jemand, der beruflich erfolgreich ist oder etwas riskiert kann gemeint sein. Ein Glückspilz.

Jetzt ist der richtige **ZEIT**punkt!

Am heutigen **TAG** darfst Du auch mal etwas riskieren! Dinge, die Du heute startest, stehen unter einem guten Stern! Greif zu!

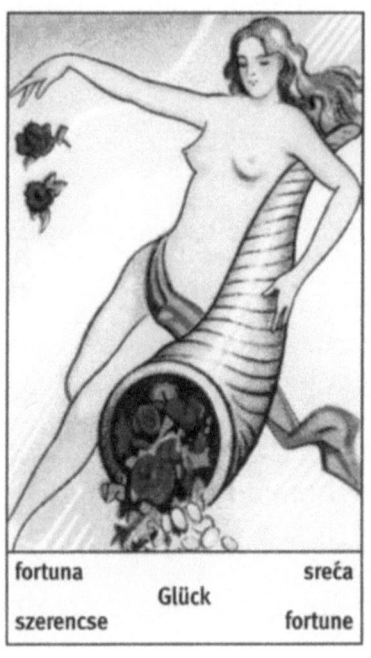

fortuna   sreća
Glück
szerencse   fortune

24. GLÜCK

Das Glück! Die eigentlich beste Karte im Deck – nein, ich finde es ist die beste Karte im Deck. Es gibt nebenbei noch sehr hohe Glückskarten, aber dem Glück ordne ich die höchste Position zu. Auf dieser Karte sehen wir Fortuna, mit ihrem prall gefüllten Füllhorn, das nur so überquillt und sie ist im Inbegriff es vollends über uns auszuschütten und lässt für uns im wahrsten Sinne rote Rosen regnen! Aber bitte nicht zu lange auf unserem Glück ausruhen...

KARTENLEGEN MIT ART DECO WAHRSAGEKARTEN

THEMA Glück, Erfolg, Gelingen, eine gute Phase

Der **BERUF**, den wir ausüben, gleicht unserem Traumberuf, wir sind im Begriff, Karriere zu machen, die Türen sollten uns offen stehen. Unser Fleiß trägt goldene Früchte. Du solltest das Eisen schmieden, solange es heiß ist. Auf der Suche nach einer Stelle könntest Du Glück haben.

Diese **LIEBE** ist gerade auf einer Hochphase! Genießen in vollen Zügen ist angesagt! Deine Freunde sind toll und ein Glücksgriff. Venus meint es gut mit Dir und so wie es ist, ist es ein Glück für Dich.

Eine solche **PERSON** strahlt nur positives aus! Ein Sonnenschein, ohne Sorgen. Oder zumindest zeigt diese Person sie nicht nach außen.

ZEITlich hat die Karte etwas Kurzweiliges: in Kürze oder auch 1 bis 4 Tage

Der heutige **TAG** mag vielversprechend sein. Das Glück ist auf Deiner Seite. Freu Dich darüber! Folge Deinem Weg weiter oder starte ihn jetzt und in diesem Augenblick, es könnten die Stufen des Erfolges sein, die Du gerade dabei bist zu erklimmen.

gran signore   gazda
Großer Herr
nagy úr   lord

25. GROßER HERR

Das Bild des „großen Herrn" zeigt uns zwei Männer. Einer verneigt sich respektvoll vor dem anderen. Der Monokel, der Frack und die Haltung stellen hier den gesellschaftlichen Unterschied oder generell auch die Rangordnung zwischen beiden dar. Der „große Herr" ist dem anderen deutlich überlegen. Er scheint mächtiger, einflussreicher und respekteinflößend und eventuell sogar etwas dominant. Die Szene erinnert an einen dienstlichen Umgang zwischen Vorgesetzten und Untergebenen.

THEMA Chef, Vorgesetzter, Karte der Selbständigkeit, Führungsrolle, Respekt, Verantwortung

Der Vorgesetzte spielt hier im **BERUF** eine wichtige Rolle. Setze Dich sich mit ihm auseinander (nicht in Richtung Streit), er kann Dich auch fördern. Die Karte kann auf eine Selbständigkeit hinweisen oder auf eine Position mit Verantwortung oder Führung.

In der **LIEBE** und in Umgang mit anderen mag diese Karte vielleicht daran erinnern, sich nicht von Überlegenen abhängig zu machen. Diese Abhängigkeit kann auch finanziellen Hintergrund haben.

Die **PERSON** trägt Verantwortung, ist hier der Chef, der unvoreingenommen ist, und vielleicht, je nach Leistung einen auch fördert. Vielleicht ist man auch selbst Vorgesetzter

Die **TAGESKARTE** erinnert daran, anderen mit Respekt gegenüberzutreten.

buona nuova   dobra vijest

Gute Nachricht

jó hir   good news

26. GUTE NACHRICHT

Die gute Nachricht zeigt ein Pärchen, das wohl ganz überraschenderweise einen Brief erhalten hat. Beide freuen sich wirklich sehr über diese Nachricht, die ihnen übermittelt wurde. Unterstrichen wird dies durch die schönen Farben und die fröhliche Stimmung, die durch die Zeichnung dargestellt wird. Diese Karte ist eine weitere Karte der Kommunikation. Ähnlich dem Brief oder der Botschaft. Doch einer Sache kann man sich hier wirklich sicher sein! Diese Nachricht ist durch und durch positiv.

KARTENLEGEN MIT ART DÉCO WAHRSAGEKARTEN

THEMA Kommunikation/ positiv, persönliche Nachricht, eventuell Einladung

Positive Nachrichten den **BERUF** betreffend flattern ins Haus. Ein Arbeitsvertrag, eine Antwort auf eine Bewerbung – eine Absage? Dann ist dies auch gut, denn diese Arbeit wäre für Dich schlecht gewesen.

Auch in der **LIEBE** weht ein neuer frischer Wind. Ein Liebesbrief, eine Einladung zu einem Date oder einer Party. Auch eine Absage hat hier unbedingt etwas Gutes!

Eine **PERSON**, die immer ein nettes Wort für einen hat. Ein angenehmer Kontakt. Aber auch im oberflächlichen Bereich. Nicht so stark wie beim Brief, aber dennoch möglich.

Schreibe vielleicht Du auch am heutigen **TAG** mal wieder ein Kärtchen oder eine Mail, etc. Eventuell machst Du jemand eine Freude. Vielleicht meldet sich auch heute mal wieder jemand bei Dir... Was Du heute erfahren magst, hat langfristig immer etwas Gutes für Deinen weiteren Weg.

casa   Haus   kuća

ház   house

27. HAUS

Am See gelegen sehen wir ein Anwesen, das nicht gerade klein wirkt. Ein stattliches Anwesen, das sich durchaus sehen lässt. Ein großer Besitz, der sich nicht nur auf das Haus zu beschränken scheint und den wir in der Kartenlegung ruhig als unser Eigen nennen können. Das Haus stellt zum einen den Besitz oder auch wirklich ein Haus dar, die Wohnung, in der wir leben, sei es unsere eigene oder eine gemietete und zum anderen kann es auch gut für Familie oder auch unser Inneres, unsere Seele stehen. Auf der Karte führen zwei Wege zum Haus über Wasser und über Land. Es ist zugänglich, einladend, man muss nur dahin finden, die Straße gehen oder das Wasser überqueren. Manchmal dauert es eben, bis man jemanden an sich lässt, es muss erst etwas Zeit vergehen oder ein Weg gegangen werden.

THEMA Haus, Heim, Wohnung, Besitz, Familie, Harmonie und Sicherheit

Hier wird die Arbeit von zu Hause aus dargestellt oder ein **BERUF**, der sicher ist. Es ist ein harmonisches Arbeitsklima, nahezu familiär.

Die **LIEBE** ist stabil, harmonisch. Es kann an der Zeit sein, Familie zu gründen oder Verantwortung zu übernehmen. Es kann ernst sein. Vielleicht ist es das, wonach Du Dich sehnst, vielleicht fühlst Du, angekommen zu sein.

Eine sehr harmoniebedürftige, häusliche **PERSON** hast Du vor sich. Aber womöglich auch bequem, etwas faul oder träge – je nachdem.

Für die **ZEIT** gilt Geduld, auch bis zu 4 Monate

Wenn Du kannst, versuche am **TAG** mit dieser Karte daheim zu bleiben, oder wenn möglich diesen im familiären Rahmen zu verbringen. Das geht nicht? Versuche dennoch Momente der Ruhe zu finden.

nozze   pir

Heirat

házasság   marriage

28. HEIRAT

Ein frisch getrautes Paar hat soeben die Kirche verlassen und ist nun bereit, den gemeinsamen Weg auf Dauer zu beschreiten. Diese Karte steht für Verbundenheit und setzt nun mal die für eine vertrauensvolle Verbindung wichtigen Bedingungen voraus. Somit sollten also Vertrauen und Gefühle vorhanden sein. In der Regel sind diese Bindungen positiver Natur. Bei dieser Karte liegt aber das Hauptaugenmerk immer mehr auf der Tatsache der Verbindung, weniger auf der Ebene der Gefühle – dies zeigen umliegende Karten. Denn grundlegend können hier erst einmal Verbindungen jeglicher Art gemeint sein.

THEMA Partnerschaft, Verträge, Ehe, Verbindungen mit Struktur.

Im **BERUF** ist hier gerne der Arbeitsvertrag gesehen und auch das Arbeitsverhältnis, eine Firmenfusion bzw. eine Kooperation. Als Team zum Erfolg.

In der **LIEBE** scheint es an der Zeit, eine feste Verbindung einzugehen. Verspiel nicht Deine Chance, sei bedacht und prüfe aber auch sehr, bevor Du unüberlegt etwas eingehen wirst, das Du zu einem späteren Punkt bereuen könntest.

Diese **PERSON** mag geregelte Verhältnisse, ist vielleicht auch eher unflexibel, hat seien Routine. Diese Person fühlt sich gebunden oder ist es auch.

Pflege am heutigen **TAG** Deine Bindungen und Kontakte oder auch Deine Gewohnheiten.

alterigia		ponos
	Hoffart	
kevélység		pride

29. HOFFART

...die schönste Karte in diesem Deck, finde ich – zumindest das Motiv betreffend, die Bedeutung eher nicht... Eine schöne Frau betrachtet sich posierend vor einem Spiegel. Sie gefällt sich und sie weiß, dass sie hübsch ist und begehrenswert auf manche wirkt. Dies weiß sie zu Ihrem Vorteil zu nutzen. Sie weiß, sich zu verkaufen. Sie weiß, zu werben und Ihren Charme einzusetzen, um zu erreichen, was und wen sie möchte. Doch diese Person ist allein auf dieser Karte... Zu viele dieser Eigenschaften, zu viel Selbstgefallen, zu viel

Narzissmus, zu viel hofieren kann negativ zurückkommen und eine Landung nach einem einsam machenden Höhenflug kann hart sein. Falscher Stolz und Eitelkeit lassen ein vorher durchaus positives Bild schnell umkehren...

THEMA Neid, Eitelkeit, Egoismus, Hochmut, Egoismus, Kälte, Überschätzung.

Achte im **BERUF** auf Neider. Jemand gönnt Dir nicht Deinen Erfolg oder Dein Ansehen. Konzentriere Dich auf Dich Arbeit und miss Dich nicht an anderen. Doch überschätze Dich nicht.

In der **LIEBE** wird hier manchmal falsch gespielt. Kalkül und Taktik sind hier auf Vormarsch. Eigennutz. Der Partner/ die Partnerin denkt hier mehr an sich – oder denkst Du verstärkt an Dich selbst? Selbstkritik ist gefragt.

Diese **PERSON** ist arrogant, egoistisch, berechnend, opportunistisch, hochmütig. Das schöne Bild, das andere von dieser Person haben, kann schnell fallen.

Am heutigen **TAG** den Mund nicht zu voll nehmen. Präsentiere Dich nicht im falschen Licht. Schaue nicht, was andere haben, Du hast selbst sehr viele Werte. Ganz bestimmt!

30. HOFFNUNG

Speranza sitzt auf einen Felsen und ist ebenso stark wie dieser in der Brandung! Den Blick hoffnungsvoll auf das Meer gerichtet, im Visier das fahrende Schiff auf unruhiger See. Sie stützt sich auf den Anker, hält daran fest, ebenso wie an der Hoffnung und dem Glaube daran, dass der Seefahrer, der sich da draußen befindet, gesund und sicher zurückkehren wird. Die raue See steht für Zeiten in unserem Leben, in denen wir uns wünschen, es würde bald Besserung einkehren. Die Hoffnung wie man sagt stirbt zuletzt. Und somit ist es immer ein beruhigendes Zeichen, diese Karte in einer Legung vorzufinden. Schlechte Karten werden „entschärft".

69

THEMA Hoffnung, Besserung, Zukunft, der positive Funke

Für den **BERUF** kündigt die Hoffnung eine Verbesserung der Lage an. Änderungen, die hier kommen werden, sind positiven Ausgangs und haben ihren Sinn.

Ebenso für die **LIEBE** gilt oben genanntes Wort! Du siehst anderen positiven Zeiten entgegen. Alleine? Die Hoffnung auf einen Partner ist groß und könnte sich bald erfüllen!

Diese **PERSON** ist optimistisch und soll dies auch weiterhin bleiben. Sollet aber erkennen, ob die Hoffnung realistisch ist – umliegende Karten zeigen dies, wenn diese positiv sind.

Als **ZEIT**hinweis dienen hier lediglich die Worte „ferne Zukunft".

Die Hoffnung als **TAGESKARTE** sagt uns, dass wir an uns glauben sollen, denn in uns stecken sehr viele Fähigkeiten – wir müssen ihnen nur die Möglichkeiten geben, sich zu entfalten. Man sagt ja oft und auch nicht umsonst, dass noch kein Meister vom Himmel gefallen ist und Dinge ihre Zeit brauchen.

signorino   mladić
Junger Herr
ifju úr   young man

31. JUNGER HERR

Lässig steht der Junge Herr auf dem Tennisplatz. Er strahlt etwas sehr Selbstsicheres aus. Sportlich, agil, voller Elan. Ihn kann nichts schnell erschüttern, er fühlt, glaubt, Dinge meistern zu können. Dieses risikofreudige und angstlose Verhalten mag vielleicht ein bisschen auf jugendlichen Leichtsinn zurückzuführen zu sein, kann aber durchaus von Vorteil sein, ganz nach dem Motto, wer nicht wagt – der nicht gewinnt!

KARTENLEGEN MIT ART DÉCO WAHRSAGEKARTEN

Diese Karte stellt in der Regel fast immer eine Person dar, zumindest im Großen Bild, oder eine wichtige Charaktereigenschaft.

THEMA Personenkarte für Sohn, Liebhaber/ Flirt, Bruder, manchmal Single, ungebundener Mann, Partner in gleichgeschlechtlicher Bindung.

Ein jüngerer Kollege im **BERUF** oder jemand, der sich jugendlich gibt. Azubi, Einsteiger.

In der **LIEBE** dreht es sich hier um einen Flirt, (jungen) Partner, Schwiegersohn.

Eigenschaften dieser **PERSON** sind sportlich, redegewandt, aktiv, tollkühn, selten leichtsinnig, unerfahren; die Karte gibt einen Hinweis, dass jemand jünger ist oder zumindest jünger wirken mag.

Die **TAGESKARTE** sagt uns, auch mal ein Risiko einzugehen oder auch einmal Fünfe gerade sein zu lassen. Entspannt sein, da macht man es sich manchmal einfacher!

vergine   djevojka
Jungfrau
szüzleány   maid

32. JUNGFRAU

Eine junge Frau sitzt am Ufer eines Baches und genießt den Duft der Blumen in ihrer Hand. An wen mag sie wohl gerade denken? An den Liebsten, an Harmonie und Liebe und Einklang? Die Jungfrau ist eine unberührte Person. Sie ist unschuldig, ohne Last, unbefangen. Voller Erwartung und kennt weder leid noch Schmerz. Sie ist das weibliche Pendant zum jungen Herr und auch bei ihr gilt, dass sie meist eine Person darstellt, zumindest auch hier im Großen Bild, oder auch eine wichtige Eigenschaft zeigt.

THEMA Unschuld, Unbeschwertheit, Tochter, junge Dame (meist alleinstehend), Schwester, Partnerin in gleichgeschlechtlicher Bindung

Im **BERUF** auch hier eine Kollegin jünger oder jugendlichen Verhaltens. Auszubildende, neue Kollegin, Einsteigerin.

In der **LIEBE** wird hier auch oft die Unbeschwertheit gezeigt. Ein Flirt, eine jüngere Partnerin. Ein Bindung, die nicht ernst ist, eine erste Verliebtheit kann hier angedeutet werden.

Diese **PERSON** ist jugendlich, unbeschwert, vielleicht auch etwas naiv und realitätsfremd. Etwas verträumt. Oder die Person gibt sich, wenn Sie älter ist, auch übertrieben jugendlich. Auch diese Karte kann ein Hinweis sein, dass die Person jünger ist oder jünger wirkt.

Die Jungfrau als **TAGESKARTE** zeigt uns, wie wichtig es ist, an manche Dinge mit Unbeschwertheit heranzugehen, aber ermahnt uns zugleich auch die Augen vor der Realität nicht zu verschließen. Finde heute das gesunde Mittelmaß!

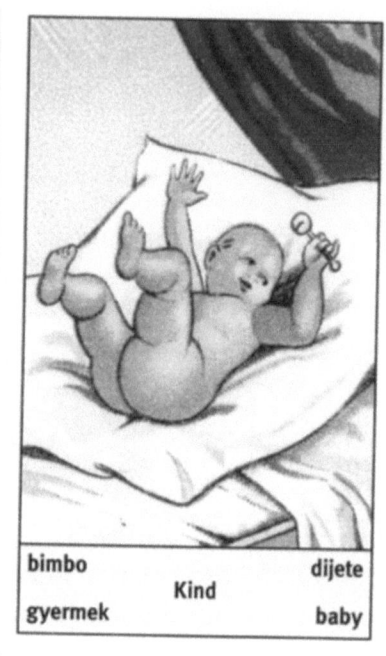

bimbo   dijete

Kind

gyermek   baby

33. KIND

Ein Neugeborenes liegt sanft gebettet auf und einem Kissen. Es lächelt und erfreut sich an seiner Rassel. Es steht am Anfang seines noch neuen Lebens und sieht einer hoffentlich friedvollen Zukunft entgegen. Diese Karte stellt natürlich das Kind da, wie auf dem Bild, unseren Sohn oder unsere Tochter. Aber ebenso kann diese Karte auch für neue Dinge, die in unser Leben treten, stehen. Oder Neuanfänge und neue Pläne aller Art, die uns bevorstehen. Wie diese verlaufen

75

werden ist durch diese Karte alleine nicht ersichtlich, denn sie zeigt lediglich erst einmal, dass etwas startet.

THEMA Karte des Kindes, Neuanfang, neue Wege, die Wahrheit.

Im **BERUF** zeigt uns das Kind eine neue Arbeitsstelle oder zumindest eine Chance darauf. Ein Neubeginn, ein neuer beruflicher Weg. Wenn wir als Elternteil zu viel arbeiten, sollten wir auch mal an unsere Kinder denken.

Die **LIEBE** ist auch hier von einem Neuanfang gekennzeichnet. Sei es mit einem alten oder neuen Partner.... Auch eine noch frische Beziehung kann hier gemeint sein.

Als Eigenschaft einer **PERSON** zeigt das Kind Ehrlichkeit, Kreativität, das Kind in einem selbst.

Es ist die **ZEIT** eines Neubeginns, eines Neuanfangs, etwas startet...

Als **TAGESKARTE** sollen wir heute unbedingt neue Pläne umsetzten. Der Zeitpunkt für ein neues Projekt ist gut. Oder starte heute endlich, was Du mehrfach verschoben hast.

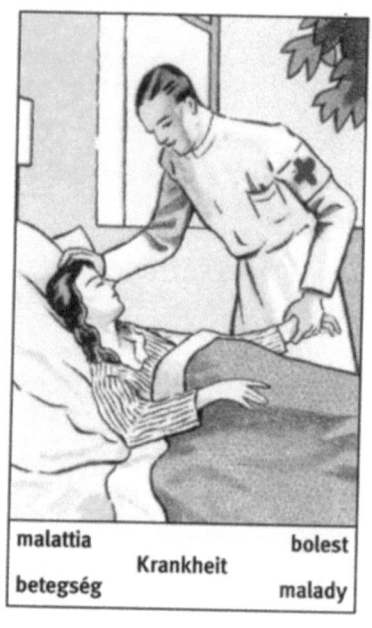

malattia · Krankheit · bolest · betegség · malady

34. KRANKHEIT

Kein schönes Bild, das uns hier zu Grunde liegt. Eine Frau liegt erkrankt im Bett und wird verarztet. Der Raum wirkt steril, damit der Mensch genesen kann. Das Fenster ist geöffnet, um frische gesunde Luft in den Raum zu lassen. Das kräftige Grün des Baumes ist ein Zeichen für Stärke und Vitalität und dass es wieder besser werden wird. Bitte KEINE Deutung für Krankheit! Dieser Karte wird mehr Schwere zugewiesen als der Karte „Arzt" – zudem hier auch etwas die Stütze fehlt und man selbst mehr gefragt ist, um aus der schweren Situation zu kommen.

THEMA starke Probleme, Hindernisse, Belastungen

Der **BERUF** tut uns derzeit nicht gut oder allgemein gesehen alles was damit in Beziehung zu setzen ist. Problematische Situationen am Arbeitsplatz oder die Sorge einen solchen zu finden, stressen uns dermaßen, dass uns schlecht geht.

Die **LIEBE** fördert uns derzeit nicht. Probleme über alles. Das macht uns regelrecht krank. Nichts läuft in geraden Bahnen. Aber auch diese Belastungen werden vergehen. Auch mag die Beziehung, in der wir uns befinden schlecht für uns sein.

Diese **PERSON** ist träge, deprimiert, melancholisch, problematisch. Negativ eingestellt. Ein schlechter Umgang, Einfluss.

Der heutige **TAG** gibt Dir Anlass, Ursachenforschung zu betreiben. Gibt es Dinge, die mich „krank" machen? Wenn ja welche und wie kann ich diese beheben? Heute könntest Du womöglich Ansätze zur Lösung finden. Setze Dich mit Deinen Problemen auseinander und hab den Mut, ihnen entgegen zu treten.

35. LIEBE

Ein Liebespaar sitzt zusammen im Hintergrund, sie in seinem Arm. Diese beiden Menschen scheinen dabei zu sein, zarte Liebesbande zu knüpfen. Groß im Bild sehen wir Amor auf der Mauer sitzen. Überlegt er, ob er den Pfeil endgültig abschießen soll... oder hat er schon sein Werk vollbracht? Ich vermute manchmal letzteres...

Die Voraussetzungen für einen guten Ausgang sind hier gegeben. Nimm Dein Glück an.

THEMA Liebe, Gelingen, es wird wie das Herz es mag.

Wir gehen ins unserem **BERUF** auf und lieben unsere Arbeit. Eigentlich nicht? Dann los, Deinen Traumberuf suchen, verwirkliche Dich selbst!

Die große **LIEBE** kann Dir begegnen oder Du lebst diese gerade. Nicht den Verstand verlieren, wenn Du von Amors Pfeil zukünftig getroffen wirst! Alles läuft hervorragend! Auch auf Deine Freunde und Dein Umfeld kannst Du zählen.

Liebevoll, charismatisch, herzlich – so ist diese **PERSON**. Oder auch einfach nur verliebt! Einfach ein Engel.

Der heutige **TAG** ist wie gemacht, um sich zu verlieben oder ihn mit den liebsten Menschen zu verbringen. Einfach liebevoll zu den Mitmenschen sein.

malinteso   nesporazumak
Missverständnis
félreértés   misunderstanding

36. MISSVERSTÄNDNIS

Ein sich streitendes Paar wird hier dargestellt – zumindest scheinen sie sich gestritten zu haben, denn nun haben sie einander erst einmal nichts zu sagen. Die Rücken sind einander zu gewandt. Ein jeder scheint hier seine Meinung zu haben und sich nicht öffnen wollen zum nächsten versöhnlichen Schritt, der eigentlich wäre, auf den anderen zuzugehen. Oftmals gehen solchen Funkstillen verbale Auseinandersetzungen voran, oder ein schriftlicher Kontakt, der falsch verstanden wurde. In der Sprache liegen oftmals die Wurzeln der Missverständnisse und es bedarf immer einem Nachhaken oder sich zu vergewissern, ob dem allem wirklich so ist. Gib Dir die Chance, einander zu erklären. Die Karte kann auch ein Hinweis sein, dass zwei Menschen nicht auf einer Wellenlänge liegen.

THEMA Missverständnis, Unstimmigkeiten, etwas passt nicht zusammen, nicht konform gehen

Im **BERUF** sagt uns die Karte, dass wir unbedingt Diskussionen vermeiden sollten. Es ist wichtig, nur seine Arbeit zu verrichten. In Gesprächen bitte zurückhalten! Wir identifizieren uns nicht mit der Arbeit...

Die **LIEBE** durchlebt Zeiten, die durchwachsen sind. Momentan passt nichts. Sie kommen nicht an und fühlen sich falsch verstanden. Herz und Verstand stehen sich einander im Wege.

Mit dieser **PERSON** kann man nicht immer gut sprechen. Etwas stur, hört manchmal nicht richtig zu, kann sich nicht immer in andere hinein versetzen. Zwiespältiger Mensch.

Am heutigen **TAGE** Diskussionen vermeiden. Bist Du vielleicht mit dem falschen Fuß aufgestanden. Oder überdenk auch Du manchmal Dein Auftreten und die Ausdrucksweise. Kommt alles so an wie es soll? Jemand versteht dich nicht oder Du verstehst Dein Gegenüber nicht. Heute wird keine Klärung in Angelegenheiten kommen.

rivale   suparnik
Nebenbuhler
szerelemféltö   rival

37. NEBENBUHLER

Eine unschöne Personenkarte, der Nebenbuhler. Brauchen wir den unbedingt? In einer Kartenlegung unbedingt! Der Nebenbuhler zeigt einen gesellschaftlichen Anlass. Mittelpunkt ist hier die junge Dame, die reichlich Aufmerksamkeit dem ihr gegenüberstehenden Herrn schenkt. Seine Gesellschaft scheint ihr angenehm. Für den Herrn dahinter ist er allerdings kein angenehmer Zeitgenosse. Entschieden scheint hier noch nichts. Wir wissen aber, dass wir nicht alleine sind!

THEMA Gegenspieler, Konkurrenz, die dritte Partei.

Wir müssen feststellen, dass wir im **BERUF** nicht allein sind. Wir haben Kollegen, die ihre Arbeit ebenso gut machen oder auch bei einer Bewerbung mehr Mitstreiter!

Auch in der **LIEBE** sind wir nicht allein. Die Konkurrenz ist groß, machen Sie Ihre Bindungen nicht anfällig für solche Einflüsse von außen. Bei einer anderen Personenkarte kann dies zusätzlich auf eine Partnerschaft hinweisen und zeigen, dass hier eine dritte Person im Spiel ist. Umliegende Karten zeigen hier auch wie tief hier diese Bindung ist.

Diese **PERSON** ist auch mit Vorsicht zu genießen. Behalte ihn im Auge, um reagieren zu können. Eine große Gefahr wird er nicht sein. Ehrgeizig ist dieser Mensch dennoch und glaubt sich oftmals siegessicher.

Als **TAGESKARTE** sagt der Nebenbuhler, dass wir uns nicht auf unseren Lorbeeren ausruhen sollten. Wir könnten ungewollt überholt werden...

ufficiale		časnik
	Offizier	
tiszt		officer

38. OFFIZIER

Ein Offizier steht vor einem Fenster, aus dem eine Dame herausschaut. Sie scheint von seiner Begrüßung und auch von ihm leicht angetan. Ihr gefällt sein Werben. Die Karte des Offiziers steht in Bezug auf das Bild um eine Verbindung zwischen Mann und Frau, die generell noch nichts Festes hergibt. Oftmals wurde der Offizier in traditionellen Deutungen als heimlicher Geliebter gesehen. Unabhängig davon ist der uniformierte Mann ein Zeichen, dass wir uns mit Ämtern und Behörden auseinander setzen werden oder vielleicht sogar müssen.

THEMA Amt, Behörde, Strenge, etwas ist förmlich, konservativ, stilvoll
(wer mag: die traditionelle Deutung des Geliebten & der Affäre, doch die Karten zeigen hierzu eigentlich besser geeignete Alternativen).

Im **BERUF** ist der Offizier ein Zeichen für Amt, Behörde oder sämtliche Berufe, die in „Uniform" ausgetragen werden. Kann hier auch für Machtposition stehen. Jedoch nicht so stark wie beim Großen Herr.

In der **LIEBE** galt hier traditionell eher der Hinweis auf eine Affäre, die aber eher dem Nebenbuhler zugeordnet wird. Die Karte zeigt an, dass wir jemand kennen lernen, der uns beeindruckt und nachhaltig beeinflusst. In Verbindung mit der Beziehungskarte steht sie hier für die offizielle Bindung.

Diese **PERSON** hat Einfluss, ist attraktiv, charismatisch.

Der heutige **TAG** ist gut für Behördengänge oder amtlicher Papierkram. Alles verläuft heute nach „Vorschrift".

viaggio   putovanje

Reise

utazás   journey

39. REISE

Dieses Bild zeigt uns genau den Fortschritt einer Zeit und konfrontiert uns in gewisser Weise mit dem Modernen aus jener Epoche. Anstelle einer oftmals gewählten Postkutsche oder einem Schiff sehen wir hier einen rasenden Zug, der uns schnell und komfortabel an Ziel unserer Reise bringt. Hier ist kein Kurztrip gemeint, nein, es handelt sich um größere Strecken, die schnell zurückgelegt werden.

THEMA Reise/ Urlaub, Distanz, Fortschritt, manchmal Veränderung

Ein **BERUF** in Verbindung mit dieser Karte deutet auf eine Tätigkeit hin, in der man viel unterwegs ist. Manchmal ist hier auch nötig, weiteren Weg zu gehen, um Arbeit zu finden. Auch könnte die Karte hier einen Wechsel anzeigen.

In **LIEBE**, Partnerschaft und Bindungen herrscht hier Distanz, räumliche oder emotionale. Es ist manchmal auch lediglich ein Hinweis auf eine Wochenend- oder Fernbeziehung.

Diese **PERSON** lässt gerne Dinge auf sich zu kommen, lebt in den Tag hinein, auch ohne Wurzeln.

Eine **TAGESKARTE** dieser Art fordert uns auch mal dazu auf, eine Reise ins eigene Ich zu unternehmen, sich zu finden oder auch dazu, sich einfach mal auszuruhen und einige Stunden der Erholung zu widmen, den der Alltag kehrt schnell zurück.

giudice   sudac

Richter

biró   judge

40. RICHTER

Ein Richter befindet sich in seinem Gerichtssaal und verliest sein wohl überlegt gefälltes und auch gerechtes Urteil! Vor ihm, ein Wachmann bereit, ein eventuell schlechtes Urteil unmittelbar auszuführen. In einigen Kartendecks ist in Verbindung mit der Gerechtigkeit bzw. dem Richter „Justitia" mit verbundenen Augen und der Waage abgebildet. In diesem Fall zwar nicht, dennoch stellt die Karte genau diese Form der Gerechtigkeit dar. Es wird uns das widerfahren, was wir verdienen. Ganz nach dem Motto, dass man die Früchte erntet, deren Saat man einst ausgesät hat.

THEMA Gerechtigkeit, richtende Person, Ausgleich

Die Karte kennzeichnet den **BERUF**szweig des Rechtswesens. Uns widerfährt bei der Arbeit im Umgang mit Kollegen und Vorgesetzten jenes, was wir vorleben.

Auch in der **LIEBE** und anderen persönlichen Bindungen werden wir so behandelt, wie wir den anderen behandeln. Überlege.... In Trennungsszenarien kann hier eine Scheidung kommen.

Diese **PERSON** ist gerecht und vor allem neutral! Wenn sie nicht fühlt, unsere Seite zu beziehen, wird sie sich auch gegen uns stellen.

Finden wir den Richter als **TAGESKARTE** vor, sollten wir unser Handeln überdenken, wenn wir uns ungerecht behandelt fühlen. Wir sollten neutral sein, ein Buch nicht nach seinem Umschlag beurteilen. Andere so behandeln, wie wir es selbst von ihnen erwarten.

41. SEHNSUCHT

Die Karte der Sehnsucht zeigt uns hier eine elegante schöne Frau, die auf dem Bett liegt, die Augen geschlossen hält – sie scheint an etwas Schönes zu denken, sie scheint regelrecht etwas herbeizusehnen. Auf dem Nachtisch stehen Rosen und eine Art Bilderrahmen liegt anbei. Das Bild vom Liebsten, der nicht präsent ist? Diese Karte steht für Sehnsüchte aller Art, die in uns sind. Ob diese sich erfüllen bleibt hier offen – dies sagt die Karte alleine nicht aus. Sie sagt nur, dass wir etwas erwünschen, was derzeit nicht in unserem Leben ist.

THEMA Träume, Wünsche, Sehnsucht, die Erwartung, die wir in etwas setzen

Im **BERUF**sleben sagt uns die Karte, dass wir uns nach Veränderung sehnen im Beruf oder bei der Arbeitsstelle.

In der **LIEBE** sehnen wir uns nach anderen Zeiten in der Partnerschaft, oder nach einer bestimmten Sache, die unserem Gegenüber fehlt oder von diesem nicht mitgebracht wird. Singles sehnen sich nach einem Partner und/ oder einer Beziehung.

Als Eigenschaft einer **PERSON** zeigt uns die Karte verträumt – Achtung: nicht verlieren....

Eine **ZEIT** ist hier mit Abwarten verbunden, manchmal in einem Rahmen von bis zu 6 Monaten.

Als **TAGESKARTE** sagt die Sehnsucht uns, dass man auch mal träumen und sich nach anderen Dingen sehnen darf, nur nicht die Blicke für die Realität verlieren sollte. Dass wir aber dennoch an unseren Träumen und Wünschen festhalten sollten, nur so können wir unsere Ziele verwirklichen.

morte		smrt
	Tod	
halál		death

42. TOD

Ein Friedhof ist Schauplatz des Geschehens. Der Tod schwebt in der Dunkelheit über das Grab. In der einen Hand die bekannte Sense, die andere Hand winkt einen zu sich. Er verbreitet Angst und Schrecken und in vielen Filmen und TV Sendungen wird diese Karte mit viel Unsinn in Verbindung gebracht! Diese Karte stellt **NICHT** den Tod dar. Der Tod als Karte zeigt uns, dass etwas zu Ende geht, das unbedingt zu Ende gehen muss, um später die Türe für etwas Neues aufzumachen. Die Karte zeigt uns, dass etwas aufhört und wir müssen wissen, wo eine Sache endet. Lass Dich nicht verängstigen und erschrecken.

THEMA Ende, Loslassen, etwas hat keinen Sinn mehr.

Im **BERUF** gibt es eine Veränderung: Ende der Arbeit, Ruhestand, Kündigung. Abstand nehmen von einem Berufswunsch.

Löse Dich in der **LIEBE** von falschen Partnern und Gefühlen. Du hast Kummer und Leiden in einer Beziehung oder wegen dem Ende einer Beziehung. Es geht um Trennung, Kummer und dass es so nicht mehr voran gehen kann.

Eine böse, verbitterte, düstere **PERSON**.

Es ist die **ZEIT** der Ewigkeit, vieler Jahre, die hier gezeigt wird.

Der Tod als **TAGESKARTE** sagt uns, dass wir auch mal aufräumen müssen! Trenn Dich von Situationen und Dingen, die Dir nicht gut tun! Wenn Du eine Trennung durchmachen musst, bedenke, dass wir in unserem Leben uns von Dingen und Personen trennen, ob gewollt oder ungewollt, die nicht zu uns passen bzw. nicht für uns geschaffen sind. Diese machen dann den Weg frei für Besseres.

tristezza   tuga
                  Traurigkeit
szomorúság   sadness

43. TRAURIGKEIT

Die Karte zeigt eine Frau, die niedergeschlagen in einem Sessel sitzt und sich aufstützen muss. Sie kann und will diese Situation nicht mehr aushalten! Das große Fenster nach draußen, gibt einen Ausblick auf anderes. Es trennt die Frau aber auch von der Außenwelt ab. Ihr Inneres sieht anders aus als der Anschein außerhalb ihrer Wohnung. Vielleicht kann sie nicht mehr verstecken, wie sie fühlt oder sie ist am Ende ihrer Kräfte, da sie den Schein der heilen Welt nicht mehr aufrecht halten kann. Die Karte sagt uns, dass wenn wir

95

trauern, dies tun sollen, solange bis die Trauerarbeit, die wir leisten müssen beendet ist. Irgendwann wenn wir zurückschauen auf unser Leben, sehen wir, dass die Dinge, die für uns schlimm waren letztendlich Gutes hatten.

THEMA Trauer, Schmerz, Traurigkeit, Abschied

Im **BERUF** sind wir unglücklich. Alles was mit der beruflichen Situation zu tun hat, macht uns traurig. Geh in die Offensive. Du kannst irgendwann ausbrechen, Du musst nur starten damit!

Wir erleiden **LIEBE**skummer oder wir trauern um etwas, was wir nicht haben. Wir müssen uns mit dem Schmerz auseinandersetzen, ihn verarbeiten, um offen für anderes zu sein.

Die Eigenschaft oder der Gemütszustand dieser **PERSON** ist sensibel, traurig, enttäuscht, verletzt, empfindlich.

In der **ZEIT** ist dies die Karte der Vergangenheit, in der wir hängen.

Die **TAGESKARTE** teilt uns mit, trotz allen Ernstes des Lebens, zu versuchen, die Welt auch mit einem lachenden Auge zu sehen.

fedeltà		vjernost
	Treue	
hüség		fidelity

44. HUND

Dieses Bild bedarf in der Regel keiner Worte. Allein Seine Wirkung auf mich lässt mich die Bedeutung der Karte spüren. Diese Zeichnung ist so aussagekräftig, dennoch wird und muss nicht jeder so empfinden, und ich möchte erklären. Es wird ein schwer verletzter Mann gezeigt, an dessen Seite sein letzter treuer Begleiter wacht und Beistand leistet, bis Rettung naht und alles vorbei ist. Es ist die Karte wahrer bedingungsloser Freundschaft, endloser Treue Loyalität und Aufrichtigkeit. Sie zeigt einen Zusammenhalt trotz bewölktem Himmel und aussichtsloser Situation. Der Hund ist seinem Herrn treu ergeben. Hast Du einen Menschen an der Seite, der diese Karte als Begleitung hat, begegne ihm voller Respekt und Zuneigung...

THEMA Treue, Loyalität, Freunde, Beistand in schlechten Zeiten.

Du hast den **BERUF** gefunden, der Dauerhaft ist, der Dir gefällt, in dem Du gerne arbeitest.

Eine **LIEBE** mit dieser Karte kann bedingungslos, dauerhaft, ehrlich sein, ein Partner ein Freund zugleich, sehr loyal... aber achte darauf, dass eine gewünschte Beziehung nicht nur noch auf freundschaftlicher Basis gebaut ist... denn die Karte kann zeigen, dass die vermeintliche Liebe eigentlich nur Freundschaft ist.

Eine **PERSON**/ Freund/in, ist sehr loyal, treu, ehrlich.

Diese **ZEIT** wird von Dauer sein. Etwas ist langfristig.

Als **TAGESKARTE** zeigt die Treue, sich doch mal wieder bei Freunden zu melden.

volubilità   nestalnost
Unbeständigkeit
állhatatlanság   inconstance

45. UNBESTÄNDIGKEIT

Das Bild zeigt uns ein Ehepaar oder einfach auch nur ein Paar, dass sich anscheinend nicht einig ist. Sie hat eine Haltung angenommen, die wohl im ersten Moment ein näheres herankommen nicht zulässt, er ganz anders, versucht auf die Frau einzureden, eventuell sie zu etwas zu überreden oder sie von etwas zu überzeugen. Das Bild spiegelt regelrecht eine Unbeständigkeit wider und macht uns somit schon deutlich, was die Karte bedeutet. Sie zeigt uns, dass etwas auf keiner festen Basis gebaut ist, wackelt

99

und nicht dauerhaft ist. Derzeit zumindest. Dieses Bild ist kein Hinweis darauf, dass dieser Zustand von Dauer ist. Es ist lediglich ein ständiges Hin und Her, ein Schwanken zwischen für uns gut und schlecht!

THEMA Unbeständigkeit, Wechsel, Wandel, Veränderung, Umzug, der aktuelle Zustand bleibt nicht.

Der **BERUF** gibt uns nicht die Sicherheit, die wir brauchen. Vielleicht haben wir nur einen Zeitvertrag oder wir sind unschlüssig, was wir beruflich machen sollen.

Unsere Bindungen sind unstet und wir wissen nicht woran wir sind oder was wir wollen. Ein **LIEBE**schaos ist derzeit nicht ausgeschlossen. Gibt uns unser Gegenüber genügend Sicherheit? Oder können wir das nicht?

Diese **PERSON** weiß nicht, ob sie sich binden soll oder nicht, sehr wankelmütig, unentschlossen, wurzellos. Manchmal eine Person mit wanderndem Herz in Liebesdingen.

Der heutige **TAG** ist wunderbar geeignet, um Veränderungen durchzuführen! Suchst Du Abwechslung, dann jetzt! Verändere Dinge, die Du schon immer ändern wolltest.

disgrazia   nesreća
Unglück
szerencsétlenség   misfortune

46. UNGLÜCK

Ein schreckliches Szenario bietet sich uns hier! Explosion! Flammen! Schutt und Asche! Und wir mittendrin. Der Mann auf dem Bild versucht sich vor dem Unglück zu schützen, und Schaden abzuwehren. Hat er es zu spät kommen sehen? Diese Karte ist immer als Warnung zu verstehen! Sie rät uns, genau zu überlegen, ob wir den gewählten Weg wirklich weitergehen sollen, da ein Scheitern vorprogrammiert scheint! Überdenke Deine Handlungen. Diese Karte steht für das Nein; sie steht für das Scheitern. Beobachte immer, in welchem Zusammenhang diese Karte auftritt, denn sie ist immer eine Warnung! Sieh diese aktuell als rote Ampel!

THEMA Ruin, Schwierigkeiten, Unglück! Halt, nicht weiter! Vorsicht!

Versagen steht an der Tagesordnung. Dein **BERUF** ist in Gefahr. Belastungen, Mobbing, Kündigung. Absage.

In der **LIEBE** warnt diese Karte vor einer bestimmten Person oder einem bestimmtem Kontakt! Vorsicht ist angesagt. Trennung! Schlechter Umgang. Du wirst enttäuscht oder verletzt. Eine sehr tiefe Enttäuschung ist hiermit verbunden.

Die **PERSON** mit dieser Karte ist zu meiden!

Als **TAGESKARTE** teilt uns das Unglück eine Art Unfallgefahr mit. Wir sollen aufpassen. Heute keine großen Pläne in die Tat umsetzten! Es kann sein, dass nichts glatt verläuft und einfach der Wurm drin ist. Einer dieser Tage, an denen, wenn man nicht aufpasst, auch gar nichts funktionieren mag.

gioia inattesa   nenadna sreća
        Unverhoffte Freude
véletlen öröm   unexpected joy

47. UNVERHOFFTE FREUDE

Was ist schöner als eine unverhoffte Freude! Das denkt sich
wohl auch der Mann auf dem Bild, dem gerade diese gemacht
wird! Die Karte steht für Überraschungen, die uns den Alltag
versüßen und ein Lächeln auf unser Gesicht zaubern werden.
Auf der Karte ist es in Form von Geld. Das muss aber nicht
zwingend sein. Es sind oftmals die anderen kleinen Dinge, die
uns erfreuen, die wir allerdings oftmals übersehen. Diese
Karte ist grundlegend positiv.

THEMA Überraschung, unerwartete Chance, unverhofftes Glück

BERUFlich kann es unverhofft zu einer Gehaltserhöhung kommen, oder wir werden befördert oder es wird anerkannt, was wir leisten. Unverhofft könnte ein Jobangebot auf Dich zukommen oder grundlegend etwas Gutes passieren.

In der Partnerschaft wirst Du vielleicht eingeladen, oder von jemand positiv überrascht! Ist die **LIEBE** bereit für einen Heiratsantrag oder ein unerwarteter Flirt oder unerwartetes Geschenk?!

Eine **PERSON** ist sehr optimistisch, freundlich und strahlt dieses extrem aus.

Plötzlich und unerwartet ist die **ZEIT**. Auch überraschend.

Unternimm doch am heutigen **TAG** mal etwas Ungewöhnliches! Mach Dir selbst oder anderen eine unerwartete Freude!

dispiacere   neprilika
Verdruss
boszúság   anger

48. VERDRUSS

Der Verdruss! Ein adrett gekleidetes Dienstmädchen eilt über die Türschwelle und lässt dabei mehrere Teller fallen. Erschrocken ist sie darüber, weil nun Ärger ins Haus steht. Diskussionen, Streit und Krach folgen könnten. Solch eine Situation missfällt einem schnell. Aber beachte, Scherben, wie hier auf dem Bild aus Porzellan bringen Glück, und oftmals ist ein klärendes Gespräch wichtig und danach versteht man sich besser als je zuvor. Nach einem stürmischen Gewitter folgt auch wieder Sonnenschein.

THEMA Streit, Ärger, etwas zerbricht und ist nicht immer so wie zuvor.

Vermeide im **BERUF** Streit und Diskussionen am Arbeitsplatz. Kassiere lieber heute die Kritik anstatt groß in Diskussion zu gehen.

In der **LIEBE** und zwischenmenschlichen Kontakten ziehen Gewitterwolken auf. Es gibt Streit, Stress und Unruhe. Nicht aus der Bahn werfen lassen, das gehört manchmal dazu. Kannst Du die Risse im Herzen, die Dir zugeführt wurden, schließen?

Diese **PERSON** ist streitlustig, wortgewandt, kann gut argumentieren. Nimmt keine Rücksicht auf Gefühle, ist verletzend.

Gehe heute Diskussionen aus dem Weg, denn es ist bei weitem nicht der richtige **TAG** dafür. Gönne Dir lieber Ruhe und denke Dir in manchen Situationen Deinen Teil. Was jetzt kaputt gemacht wird, wird nicht mehr so wie zuvor.

perdita   gubitak

Verlust

veszteség   loss

49. VERLUST

Die Karten werden offen auf den Tisch gelegt, das Spiel ist vorbei und es wurde verloren! Wenn wir spielen und etwas einsetzen, muss uns bewusst sein, dass wir verlieren können. Hat der Spieler den Verlust kommen sehen? Hat er zu hoch gepokert? Die Karte sagt uns, dass wir im Begriff sind, etwas zu verlieren. Etwas geht abhanden und wir müssen zu sehen, wie es uns durch die Finger rinnt. Wir waren vielleicht zu unvorsichtig oder haben uns beim Spiel mit dem Feuer verbrannt! Aber Ruhe bewahren, manchmal passiert, dass einem Dinge aus den Händen gleiten.

THEMA Verlust (es ist die deutliche Tendenz, schau, ob Du noch handeln kannst.)

Im **BERUF** ist höchste Aufmerksamkeit angesagt – der Job kann wackeln. Nichts ist uns derzeit sicher – selbst wenn wir dies glauben. Nicht nachlässig werden!

Die Partnerschaft kann brüchig sein, sie droht an einer instabilen Phase zu zerbrechen. Gehen in der **LIEBE** Gefühle verloren?

Eine **PERSON** kann sich entfernen von uns. Jemand kann vor uns den Respekt verlieren. Es mangelt diesem Menschen an bestimmten Werten und Eigenschaften, die Du jedoch für wichtig hältst.

Es ist vergeudete **ZEIT**.

Achte am heutigen **TAG** darauf, dass Du nicht unüberlegt und voreilig handeln wirst und somit etwas verlieren könntest, was Dir wichtig ist. Gehe wachsam und sorgfältig mit Deinem Besitz und Deinem Geld um.

tradimento   izdajstvo

Verrat

árulás   treason

50. VERRAT

Das Bild zeigt uns einen Mann, der wohl gerade im Begriff war, wegzugehen. Die Szene erinnert mich daran, der Mann im Trenchcoat scheint ein Geschäft abgewickelt zu haben, und versucht schleunigst zu verschwinden. Der Titel der Karte unterstreicht den Gedanke, dass an der Sache etwas nicht stimmt. Der Mann hinter ihm, hält ihn auf und hat bereits den Gesetzeshüter informiert. Der Mann wurde verraten oder hat wohl eher einen Verrat begangen und man ist ihm auf die Schliche gekommen.

Jedenfalls befand sich der Verräter unmittelbar in unserem Umfeld.

THEMA Betrug, Verrat, kein Vertrauen, wir beobachten oder werden beobachtet

Im **BERUF** müssen wir uns vor Tratsch und Gerüchten hüten. Am besten, wir halten uns ganz daraus und zeigen uns eher unscheinbar.

In der **LIEBE** scheint hier auch einiges nicht zu stimmen. Sind generell unsere Bindungen ehrlich und vertrauensvoll?!

Wird der Verrat mit einer **PERSON** gesehen, hüte Dich. Schnell wird vielleicht Dein Vertrauen missbraucht und etwas gegen Dich verwendet.

Als **TAGESKARTE** ist diese ebenso wie sonst auch auf jeden Fall als Warnung zu sehen: Achte genau darauf, wem Du dich anvertrauen kannst und vor allem was Du wem mitteilen kannst und frage Dich immer, ob es nicht besser ist, manches für Dich zu behalten.

51. WITWE

Die Witwe bildet zusammen mit dem Witwer das Ende des schönen Kartendecks. Die Umgebung auf der Karte zeigt den Friedhof, der auf mehreren Bildern zu sehen ist. Oftmals geht bei jeder dieser Karten ein Hauch Ewigkeit mit einher; der Friedhof, die letzte Ruhestätte, die auf immer ist und sich nicht mehr ändern wird?! Die Witwe sitzt hier auf einer Bank neben dem Grab Ihres verstorbenen Gatten. Dieses schmückt sie liebevoll mit Blumen. Sie sitzt, zum Stehen fehlt Ihr derzeit die Kraft.

111

Sie wird diesen Lebensabschnitt jedoch überstehen – ihr trauerndes Gesicht ist trotz allem von Stärke durchzogen. Es wird weitergehen...

THEMA Trauer, Alleinsein, Schicksal, Stärke, Abschied, Mutter

In der **LIEBE** und im partnerschaftlichen Bereich steht die Karte für eine Phase des Alleinseins, die es gilt zu überstehen. Vielleicht wurden wir ungewollt vom Schicksal aus einer schönen Situation gerissen. Nun müssen wir stark sein, aber Du wirst es schaffen. Das Schicksal ist auf Deiner Seite.

Als **PERSON** wird hier jemand Älteres, oftmals Alleinstehendes dargestellt. Kann auch eine Tante sein. In Verbindung mit dem Witwer Eltern, manchmal Großeltern.

Die **TAGESKARTE** sagt uns, wenn möglich, einen Besuch beim älteren Teil der Familie zu machen – oder zumindest ihnen heute die Gedanken widmen. Geht auch in Form von Blumen – wie auf der Karte....

vedovo   udovac
            Witwer
özvegyember   widow

52. WITWER

Die letzte Karte des Decks zeigt uns den Witwer, das
männliche Pendant zur Witwe. Auch hier ist wieder der
Friedhof Schauplatz der Szene. Der Mann steht in
Gedanken, in einem Moment der Stille am Grab seiner
verstorbenen Gattin. Den Hut voller Ehrfurcht gezogen,
stützt er auf einem Stock. Er muss sich stützen, die Last
auf seinen Schultern ist zu schwer derzeit. Doch er wird
die Stärke aufbringen, diese zu tragen...

THEMA Trauer, Alleinsein, Schicksal, Vater

In der **LIEBE** und im partnerschaftlichen Bereich steht die Karte für eine Phase des Alleinseins, die es gilt zu überstehen. Vielleicht wurden wir ungewollt vom Schicksal aus einer schönen Situation gerissen. Nun müssen wir stark sein, aber Du wirst es schaffen. Das Schicksal ist auf Deiner Seite.

Als **PERSON** wird hier jemand Älteres, oftmals Alleinstehendes dargestellt. Kann auch ein Onkel sein. In Verbindung mit der Witwe Eltern, manchmal Großeltern.

Die **TAGESKARTE** sagt uns, wenn möglich einen Besuch beim älteren Teil der Familie zu machen – oder zumindest ihnen heute die Gedanken widmen.

Nachdem Du dies gelesen hast, bist Du zumindest mit einem Teil meiner persönlichen Deutungsmöglichkeiten vertraut gemacht worden. Erfasse aber dennoch später auch intuitiv die Karten, wie diese auf Dich wirken! Du wirst sehen, Dein Wissen wird sich durch persönliche Deutungsmöglichkeiten erweitern, vielleicht ersetzt Du auch andere. Das soll heißen, nimm diese nicht als verbindlich – lass Deine Persönlichkeit und Deine Erfahrung mit einfließen oder lass Dich lediglich inspirieren...

Sie sind gedacht, um Dir einen Weg zu den Karten zu ebnen. Generell gibt es noch andere Möglichkeiten, wie eine Karte zu lesen ist. So wird zum Beispiel die Bedeutung einer Karte in Kombination zu einer anderen durch diese beeinflusst. Wichtig werden die Kombinationen bei einer großen Legung, dem Großen Kartenblatt. Ich werde dazu später noch Hinweise geben. Die Legungen, die ich folgend vorstelle, kannst Du problemlos und einfach immer mit einer Kartenbedeutung praktizieren. Du wirst keine Kombinationsmöglichkeiten benötigen. Magst Du für eine Kartenposition eine zusätzliche Deutung zuziehen, wenn die erste nicht aussagekräftig genug erscheint – kannst Du die zwei Karten natürlich in Kombination deuten und solltest dies auch tun. Da dies ein Einstieg sein und Dich an die Karten heranführen soll, ist hier kein Teil mit Kombinationen aufgeführt. Aber hab keine Sorge, kennst Du die einzelnen Karten, wirst Du auch verstehen, was zwei Karten zusammen bedeuten. Du wirst es fühlen, denn das einfache Auswendiglernen der Kombinationen wird Dich nicht voranbringen. Du musst die Karten verstehen und dann kannst Du es automatisch. Am Anfang sind die Grundbedeutungen schon sehr viele Informationen mit diesen solltest Du also vertraut sein und sie aus dem Schlaf können. Dann wird das Kombinieren für Dich wie gesagt gar kein Problem sein. Trau Dich, die Karten dann zuerst auch mal intuitiv in Beziehung zu einander zu setzen... Du wirst auf Deine Art erfolgreich sein...

Jetzt möchtest Du sicherlich eine Legung starten, falls dies nicht schon längst geschehen ist. Kommen wir also zum Mischen der Karten und dem Auslegen:

DAS MISCHEN DER KARTEN

Suche beziehungsweise nimm Dir einen Moment der Stille, der Ruhe und des Ungestörtseins. Lege die Karten nicht in Eile! Ein fester Platz eignet sich immer gut. Auch wäre schön, wenn die Karten dort auch immer liegen, falls nicht ist es auch von Vorteil, diese immer bei sich zu haben. Das, finde ich, verstärkt die Bindung zu ihnen. Beginne nun mit dem Mischen. In der Hand oder auf dem Tisch wie ein Memory. Schnell oder langsam. Misch auf Deine persönliche Art und Weise. Ich bin auch der Meinung, dass Du nicht unbedingt an eine Person oder die zu befragende Thematik denken musst. Relevant ist meines Erachtens, dass Du ruhig bist, ruhig atmest, Dich auf Dich selbst konzentrieren kannst, den Moment der Stille genießt und du einfach Du bist. Versuche, die Karten zu fühlen, wie sie in Deinen Händen liegen oder diese berühren. Auch ist nicht von Bedeutung ob Du lange oder kurz mischen wirst. Wenn Du der Meinung bist, das Mischen zu beenden, solltest Du dies tun. Die Karten werden richtig liegen. Nach dem Mischen hebe ich manchmal ab, oder nehme einfach die obersten Karten für eine kleine Legung. Wichtig ist, dass Du beim Mischen Deinen persönlichen Stil finden wirst, Deine eigenen Regeln, unterwirf Dich keinen Zwängen, nur so kann es authentisch sein.

DAS AUSLEGEN DER KARTEN

DIE ART DÉCO WAHRSAGEKARTEN ALS TAGESKARTEN

Ich habe ein für mich sehr schönes System entwickelt, um am Morgen eine Art zu finden, mit den Karten in den Tag zu starten... Tageskarten eignen sich hervorragend, um die Karten genauer kennenzulernen. Zu verstehen, wie sie mit Dir sprechen.

Üblicherweise zieht man oftmals lediglich eine Karte zur Tagesprognose. Das ist schon gut, aber in meinem System darfst Du jedoch bis zu drei Karten ziehen. Die erste für den Verlauf des Morgens, die zweite für den Mittag. Die dritte Karte steht für den Abend. (Beispiel folgend)

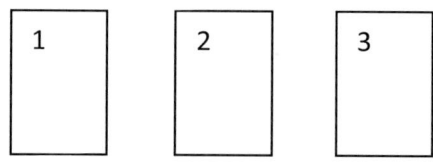

Alternativ kannst Du auch experimentieren und die drei Karten als Gesamtaussage für den Tag nehmen. Möglichkeiten hast Du viele, Du wirst schnell mit den Karten vertraut werden... und Dein System finden.

KARTENLEGEN MIT ART DÉCO WAHRSAGEKARTEN

Diese Methode ist wirklich sehr wichtig, um auch spielerisch die Karten kennen zu lernen. Einfacher und schneller kannst Du die Karten und deren Bedeutung nicht erlernen. Gut, Du könntest auch schnell auswendig lernen, dennoch in direkter Arbeit, knüpfst Du eine Verbindung zu den Karten, die sehr persönlich sein kann. Denn im Vergleich zu der Tageskarte kannst Du schnell ganz individuelle Deutungsergebnisse erzielen.

Hier ein überschaubares Beispiel:

Beständigkeit   Besuch   Gesellschaft

Als Karte 1 wurde die „Beständigkeit" gezogen, die ein Hinweis darauf ist, dass die Fragestellerin/ der Fragesteller mit Arbeit in den Morgenstunden beschäftigt ist. Der „Besuch" als Karte 2 zeigt, dass es bis mittags noch stressig, bzw. unruhig und sehr belebt sein kann. Die Karte 3 „Gesellschaft" sagt aus, dass es nicht verkehrt wäre, den stressigen Tag in einer netten Runde mit Freunden, zum Beispiel, ausklingen zu lassen, um letztendlich abzuschalten.

KARTENLEGEN MIT ART DÉCO WAHRSAGEKARTEN

In einer zusammenhängenden Deutung kann diese Legung ein Hinweis sein, dass am heutigen Tag, eine wichtige berufliche Zusammenkunft im Vordergrund steht oder dieser verstärkt Aufmerksamkeit zu schenken ist, z. B. ein Besprechung, und deshalb alles etwas unruhiger vor sich geht.

LEGESYSTEM „DIE VIERER- KETTE"

Hier ziehst Du nach dem Mischen vier Karten oder hebst den Kartenstoß ab bis Du vier Stapel vor Dir hast, bei denen Du jeweils die obersten Karten aufdecken kannst. Du hast vier Karten vor Dir, diese gilt es nun in gezogener Reihenfolge von links nach rechts, positionsbezogen zu deuten:

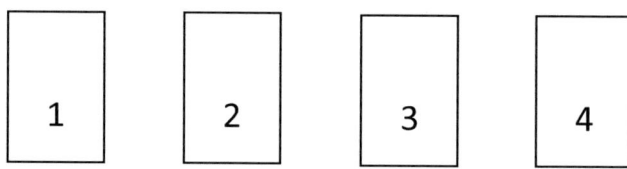

Die erste Karte steht in dieser Legung für die Thematik, die Situation aus neutraler Sicht. Vielleicht mögen wir auch mal überrascht sein über eine Karte, die hier auftaucht, aber nicht wundern – die Karten sagen uns manchmal vieles aus einer Perspektive, die wir auf Grund unserer Subjektivität heraus einfach nicht so wahrnehmen können.
Alternativ haben wir vorab hier auch die Option, einen Signifikator/ eine Themenkarte ausgewählt in Hinblick auf

die Themenbedeutung (individuell genannt für jede Karte im Deutungsteil des Buches), zu wählen und auf diese erste Position auszulegen.

Karte Nummer Zwei zeigt uns, was wir in diesem Zusammenhang weniger Beachtung schenken können und dürfen. Davon könnten wir getrost Abstand nehmen, denn Nummer Zwei sagt uns, was eigentlich nicht ist und nicht sein wird. Eine Fehleinschätzung der Situation oder einen Aspekt, den es zu übergehen gilt. Sollte hier zum Beispiel eine Befürchtung liegen, die wir hegen, ist es uns erlaubt zu sagen, sich nicht weiter diesen Gedanken und Ängsten zu unterwerfen.

Die dritte Karte im Gegensatz gilt es zu beachten! Aus dieser Sicht können oder sollten wir die ganze Sache betrachten. Setze hierauf den Focus! Schenke dieser Karte und ihrer Interpretation sehr viel Aufmerksamkeit!

Die vierte und zugleich **letzte Karte** wird uns eine kleine Tendenz bzw. einen Trendverlauf anzeigen. Eine sozusagen zukunfts- und richtungsweisende Perspektive. Es wird uns durch das Bild gesagt, welchen Sinn die jetzige Situation hat, was für uns und unsere persönliche Entwicklung dabei wichtig ist und was letztendlich aus dem Ganzen werden kann.

Ziehe daraus ein Fazit. Sollte eine Karte für Dich nicht aussagekräftig genug sein, kannst Du jede Position mit einer weiteren Karte ergänzen, aber Achtung: die Bedeutung der ersten Karte geht allerdings dadurch nicht verloren!
Sollte der Trendverlauf sich nicht ganz herauskristallisieren, kannst Du mit dieser Legung nochmals den Verlauf genauer durchleuchten (Du bildest eine Kette). Du positionierst die letzte Karte auf Position Eins als Signifikator/ Themenkarte

und ergänzt ihn mit drei weiteren Karten, die Du nach erneutem Mischen aus den Karten ziehst. Danach gehst Du nach dem zuvor erklärtem Deutungsschema vor! Du kannst dies solange tun, bis das Orakle dir klar und verständlich ist.

Auch hier für Dich ein kleines Beispiel:

  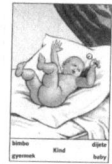 

Unbeständigkeit – Falschheit – Kind   - Gewinn

Der Fragestellerin geht es hier um ein Treffen, das ihr bevorsteht und sie deswegen sehr nervös ist. Sie möchte von den Karten mehr über den Verlauf wissen.
Die „Unbeständigkeit" als 1. Karte spiegelt hier das ungute Gefühl, das Ungewisse, das die Fragestellerin bei dieser Sache empfindet, wider. Doch schon auf der Position der 2. Karte, die mit der „Falschheit" belegt ist, wird der Frau das ungute Gefühl genommen. Sie muss sich keinesfalls Sorgen machen, der Kontakt ist nicht schlecht für sie. Die Karte „Kind" auf dritter Position gibt Anlass zur Überlegung, dass dieser Kontakt ein neuer Impuls im Leben ist, auf den sich die Fragende ruhig einlassen kann oder sollte. Weshalb? Die 4. Karte, der „Gewinn", sieht die neue Person als deutliche Bereicherung für die Fragestellerin. Die Dame könnte nun erfragen weshalb dies ein Gewinn sei. So würde die Karte „Gewinn" in diesem Fall auf Position 1 rutschen und mit drei neuen Karten auf Position 2 bis 4 erklärt werden.

KARTENLEGEN MIT ART DÉCO WAHRSAGEKARTEN

EINIGE INFORMATIONEN ZUM GROSSEN BLATT

Das Große Blatt ist die wohl interessanteste Methode, die Karten zu lesen. Und nur zu gerne möchte man auch dieses so schnell als möglich legen. Wichtig für diese Legung ist vor allem, dass man jede Karte und deren Grundbedeutung aus dem Schlaf beherrschen sollte. Zudem sollten die Kombinationen der Karten untereinander bis zu einem gewissen Maße bekannt sein. Kennst Du die Basis, dürfte das Kombinieren, wie gesagt, für Dich in der Regel kein Problem darstellen. Es gibt nahezu viele Kombinationen, und auch sind diese ganz individuell. Jeder Kartenleger spricht seine Sprache und interpretiert und übersetzt somit das Kartenblatt. Natürlich mag es Schlagwörter geben, die unangefochten für eine Bedeutung stehen mögen, dennoch bringen wir unseren Erfahrungsschatz und unsere Intuition bei unserer Arbeit mit den Karten mit hinein. Eben das macht unsere persönliche Art der Deutung mit aus.

Das Große Blatt bedarf eines soliden Grundwissens und es bedarf vieler Worte. Bis man mit dem Grundwissen vertraut ist, und kleine Systeme sicher deuten kann ist es ein manchmal kürzerer oder längerer Weg, das liegt an Dir. Ich möchte Dich sicher an die Grundbedeutungen für die 52 Karten heranführen, somit hältst Du ein Buch mit Grundwissen in der Hand. Leser/innen, die andere Karten schon kennen, wissen wohl ein Großes Blatt zu deuten. Dennoch werde ich in diesem Buch, das Große Blatt kurz anschneiden, damit Du hineinschnuppern und probieren kannst und auch jetzt schon einmal weißt, was zu beachten gilt. Eigentlich füllt ein genauer Bericht darüber ein weiteres

Buch. Und da ich zumindest dies nicht ganz vorenthalten möchte, gebe ich einen kurzen, oberflächlichen Überblick für „Ungeduldige"... die ich sehr gut verstehen kann.

Zu Beginn wirst Du bei diesem Deck entscheiden, ob Du 36 oder 52 Karten für die Auslage verwenden möchtest. Diese mischst Du. Du kannst, wenn Du magst, bevor Du mit der Auslage beginnst die Karten vorher zwei Mal abheben. Du findest nun vor Dir drei Stapel. Werfe jeweils einen Blick auf die untersten Karten der drei Stöße. Diese drei Bilder geben einen zusätzlichen Hinweis zur Situation. Führe danach wieder die Stapel zusammen, mische nochmals durch und lege die Karten dann offen aus.

Variante 1 mit 36 Karten:

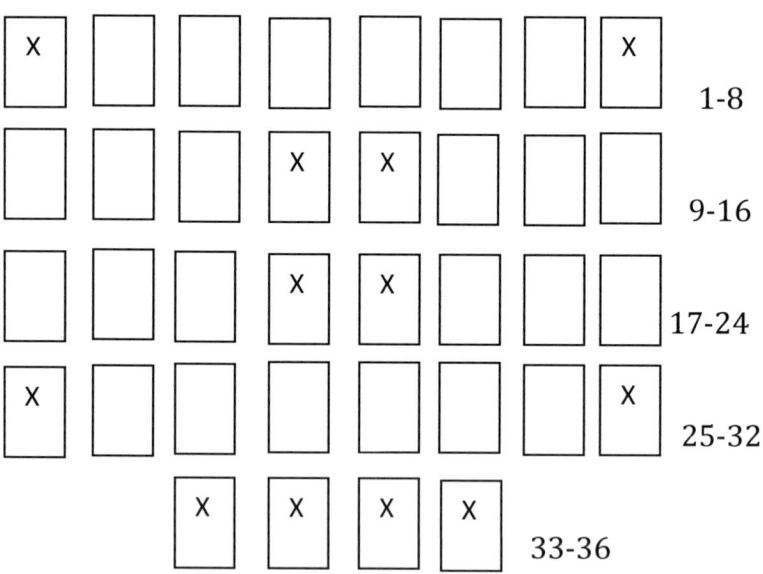

Variante 2 mit 52 Karten:

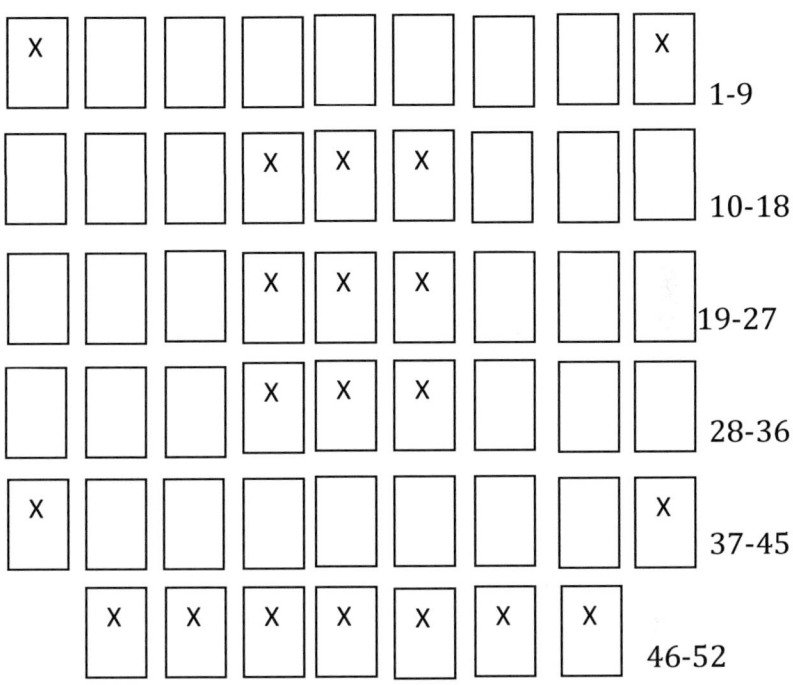

Grundlegend gehst Du bei beiden Varianten gleich vor. Vor dem Mischen wählst Du Dir ein Zeitfenster (anfangs bzw. zu Übungszwecken könntest Du beispielsweise monatlich beginnen). Und los geht's! Erst einmal wichtige Kartenpositionen sind mit einem X markiert.

Variante 1: Die Karte auf Platz 1 gibt Dir Situation beeinflusst. Die anderen drei Eckkarten (8, 25, 32) geben zusätzliche Hinweise! Kombiniere diese. Betrachte nun die Stelle, an der die Karte der Fragestellerin/ des Fragestellers. Alles was auf direkter Linie in Blickrichtung liegt betrifft die Zukunft! Alles auf direkter Linie im Rücken der Person die Vergangenheit. Die Karten direkt über bzw. unter der Karte der Hauptperson sind der Gegenwart zuzuordnen. Darüber die Gedanken, darunter gegenwärtige Situation und eventuell unbewusste Gefühle.

Schaut eine Person aus dem Bild heraus, kann es sein, dass sie die Situation so hinnimmt und manchmal dazu neigt, die Augen vor der Realität zu verschließen. Hat sie keine Vergangenheitskarten im Rücken, ist die Person sehr zukunftsorientiert. Am oberen Rand, ohne Gedankenkarten, kann es sich um einen sehr emotionalen Mensch handeln. Einen Hinweis auf die eigentlichen Gedanken bekommen wir dann bei der Karte „Gedanke". Am unteren Rand, ohne Gefühlskarten, sehen wir oftmals jemanden, der sich sehr stark kontrolliert und nicht immer seinen Emotionen freien Lauf lassen mag.

Möchtest Du ein Thema genauer betrachten, suche die entsprechende Themenkarte und deute dann die direkten Linien, die von dieser ausgehen. Doch hier deutest Du immer von links nach rechts! Anders als bei der Personenkarte ist hier links immer die Vergangenheit und rechts immer die Zukunft.

KARTENLEGEN MIT ART DÉCO WAHRSAGEKARTEN

Natürlich möchtest Du ja noch weitere Tendenzen aus dem Kartenbild ablesen,
so geben Dir die Karten auf Platz 12, 13, 20 und 21 einen Ausblick auf das, was sein wird.
Zusätzlich sagen Dir die Karten auf Platz 33, 34, 35 und 36 was in naher Zukunft auf Dich zukommen kann. Legst Du für einen Monat ist hier die unmittelbare Zukunftstendenz gemeint. Bei einem längerem Zeitraum, können hier schon bis zu 4 bis 8 Wochen verstreichen.

Die **Variante 2** ist nahezu ähnlich: die 1. Karte stellt natürlich das Gleiche dar. Ziehe hier auch die anderen Eckkarten hinzu. Das wären hier die auf Platz 9, 37 und 45.

Die allgemeine Tendenz des Bildes liegt hier in den Karten 13, 14, 15, 22, 23, 24, 31, 32 und 33. Die kurzfristige Tendenz in den Karten der letzten Reihe 46 bis 52. Zeitlich gilt auch hier das Gleiche, es sei denn, es tauchen Zeitkarten auf, die ganz deutlich auf einen längeren Zeitraum hinweisen.

Die zweite Variante, die mehr Karten hat, gibt natürlich durch die zusätzlichen neuen Karten einen etwas anderen, vielleicht genaueren, spezifischeren Blick zu. Aber die Variante 1 ist ebenso aussagekräftig. Es liegt ganz daran, was Du aus dem Bild herausholen wirst.

Diese Randinformation über das große Blatt dürfte zum Hineinschnuppern bestimmt ausreichen. :)

RAUM FÜR EIGENE NOTIZEN

KARTENLEGEN MIT ART DÉCO WAHRSAGEKARTEN

RAUM FÜR EIGENE NOTIZEN

RAUM FÜR EIGENE NOTIZEN

KARTENLEGEN MIT ART DÉCO WAHRSAGEKARTEN

RAUM FÜR EIGENE NOTIZEN

KARTENLEGEN MIT ART DÉCO WAHRSAGEKARTEN

NACHWORT

Nun sind wir am Ende meines kleinen Grundkursus angelangt und ich freue mich, Dir diese Aufschlagkarten ein wenig nähergebracht zu haben. Mach Dich nach und nach mit diesen vertraut und lerne die Sprache der Karten und mache diese zu der Deinigen. Halte Dir immer vor Augen, dass die Karten in der Lage sind, Dir einen Blick zu ermöglichen, der uns manchmal verborgen bleibt; sie sind ehrlich und bewahren sich ihrer Neutralität. Lass Dich nicht entmutigen, wenn eine Aussage Dir zuerst als schlecht erscheint oder Du Dir etwas anderes erwartet hast. Sieh solch einen Fall als Hinweis, noch etwas an einer Sache zu arbeiten, um den gewünschten Effekt zu erzielen. Das Kartenbild wird Dir immer einen Hinweis mitgeben, auch wenn er noch so versteckt sein mag, versuche immer einen Lösungsweg in den Karten zu finden. Es gibt ihn. Arbeite mit den Tendenzen, die das Bild Dir aufzeigen wird. Es wird auch Momente geben, in denen Du vielleicht nichts sehen kannst. Das wird nicht tragisch sein, wenn Du großes Interesse an der Kartomantie hast, wirst Du auch fähig sein, diese auszuüben. Ich wünsche Dir ganz viel Spaß und schöne Stunden mit den Karten und ganz viel Erfolg und viele Ergebnisse. Und hoffe, wir lesen uns bald wieder.   Lieben Gruß von

Andreas

INHALT

KARTENLEGEN MIT ART DÉCO WAHRSAGEKARTEN

Über den Autor

Andreas Nostra Dahm, in den Siebzigern in Heidelberg geboren, legt seit seinem 15. Lebensjahr die Karten. Nach seinem Abitur und der Ausbildung begann er in seinem zwanzigsten Lebensjahr schließlich offiziell für andere Menschen die Karten zu deuten. Er sieht das Kartenlegen als ein klassisches Mittel, seine seherischen Fähigkeiten zu unterstützen. Ganz traditionell und bodenständig ist er in der Lage, die alte Sprache der Karten auf unsere heutige Zeit zu übertragen. Dieses Wissen ist seit nun mehr als zwanzig Jahren die Grundlage für die offenen, einfühlsamen, wertfreien sowie klaren Beratungen des TV – bekannten Kartenlegers. Viele Jahre und Lehren mit den unterschiedlichsten Kartendecks lassen Andreas eine tiefe spirituelle Verbundenheit fühlen und geben ihm die Fähigkeiten, in den Karten zu sehen und die Sprache dieser für Sie zu übersetzen. Eine astrologische Weiterbildung rundet zusätzlich sein Wissen ab, um weitere Informationen zu erhalten.

„Meine Karten und ich bieten Dir eine Hilfestellung in unterschiedlichen Lebenslagen. Sie nehmen keine Entscheidung ab und ich gebe Dir nie einen Lottogewinn und

☒ KARTENLEGEN MIT ART DÉCO WAHRSAGEKARTEN

der Traummann oder die Traumfrau wird nie aus einer Wolke zu Dir schweben, doch das Leben ist voller Herausforderungen, Veränderungen und Aufgaben, die wir zu bewältigen haben. Und ich bin hier, um Dir zu helfen durch diesen Strom zu schwimmen, das Beste in Deiner Situation zu sehen und das Beste aus Deinen Erfahrungen herauszuholen; denn wir sind alle hier, um zu leben, zu lernen und um zu genießen, doch auch dürfen wir Fehler machen. Dies bleibt nicht aus, wenn wir täglich mit Entscheidungen & Konsequenzen konfrontiert werden. Doch jede unsere Entscheidungen, die wir treffen, eröffnet uns eine Vielzahl neuer Wege und Möglichkeiten... In den Karten sehe ich Bilder, die sich auf Deine Situation und Dein Leben beziehen. Zusammen mit meinem besonderem System und meinen Fähigkeiten leite ich hieraus Informationen an Dich weiter, die Du verwenden kannst, um sichere Entscheidungen zu treffen. Fragen zu Gesundheit oder Krankheit, ebenso zum Tod oder juristischen Angelegenheiten werde ich nicht beantworten. Die Karten ersetzten keinen Besuch bei einem Arzt, Therapeuten, Heilpraktiker oder Juristen. Ebenso legen Dir die Karten nichts auf, auch verpflichten sie zu nichts. Sie übernehmen keine Haftung & Verantwortung. Bedenke immer, Du bist frei im Weg, im Herzen & Willen und so soll es sich auch immer für Dich anfühlen."

Viele Grüße von Andreas Nostra Dahm

www.lecarte-kartenlegen.com

www.lecarte-shop.de

kontakt@lecarte-kartenlegen.com